给自己独处的时空，允许生命留白。如果你有足够的勇气告诉他人，你很容易疲惫，虽然你很享受跟他们在一起的时光，但是短暂的休息也是好的，那么你离成功适应自己的敏感型人格不远了。

如果你感觉刺激过多，有些难以应付，你可以尝试做一点轻松的事情，给大脑充足的时间来处理信息。我将这个重新找回自己的过程称为做点"无用的事"，给自己充电。

很多高度敏感型人选择独自生活，这满足了他们的
敏感型人格所需要的宁静、平和，给了他们驻足品
味生活的机会，但有时也难免寂寞。

给自己写一封充满关爱的信。亲爱的，我知道你不是故意要给别人带来麻烦的，也没有人有权利因你的错误对你横加指责。我相信你已经努力了。这就够了，揉揉自己的背，将注意力收回到自己身上，感受你的价值。

学着接受自己不是一个能量高涨的人，不喜欢肤浅的
对话的事实，找到让自己最舒服的方式待着，慢慢
地，你会回到属于你自己的轨道上来。

允许自己偶尔做一个自由而无用的灵魂。跟自己的身体友好相处缓解焦虑。如果你感到紧张，你可以选择跑步或者跳舞……你需要有意识地将呼吸与身体运动协调起来。

停下来把注意力放在自己身上。有时，我感觉自己快要被对方滔滔不绝的演讲淹没，那时的我就好像挣扎着在大海上漂浮，只求快点结束旅程，到达彼岸。

高敏感族拥有无比丰富的想象力，他们梦想中的人生总是精彩纷呈，内心世界也是五彩斑斓。因为"我不需要依靠别人获得快乐，相反，我会因此获得自由"。

做自己，爱自己

致麻木世界里的高敏感族

高敏感是种天赋

拯救全球 15 亿人的心灵之书

[丹麦] 伊尔斯·桑德／著
李红霞／译

北京联合出版公司
Beijing United Publishing Co.,Ltd.

利用你敏感的天赋，
体验更多的快乐

当今社会，强者极受推崇，拥有旺盛的精力、忙碌的生活、发达的社交网络，活跃于各种活动之中，通宵玩乐透支精力已经成为现代人生活的常态。

但并非所有人都如此，这本书就是写给那些与上述常态格格不入的人，写给那些高度敏感和灵魂脆弱的人。与周围的人相比，他们更容易受到环境的影响，甚至为此痛苦不堪；但是，他们也因此拥有不曾被发掘的惊人潜能。

本书会详细讲述什么是脆弱和敏感的灵魂，它们的表现形式是什么，以及在生活中如何积极利用高度敏感的特质。它还会给你提示，教你如何在狭窄的神经系统忍受阈限内更好地生活，如何利用敏感人群独有的天赋，体验更多的快乐。

在本书的尾声部分，我们附有一个来源于丹麦的高度敏感型人格的自评测验。除此之外，我们还列了一个行动清单，用以帮助灵魂脆弱的个体提高并维持个人幸福感。

本书作者是一名心理咨询师兼神学家，还曾是一名教区牧师。她也将自己定义为高度敏感型人格，也曾为此苦苦挣扎。因为她无法适应周围的快节奏生活，甚至在尝试的过程中失去了平衡。如今，她已经找到不错的方法来让自己敏感的神经系统得以放松，并充分利用这种敏感的天赋感知快乐。

这本书也适用于心理咨询师、心理学家和其他领域的辅导员——当然，也适用于高度敏感型人的家人和朋友。

我们或多或少都有
敏感型人格

这本书写给那些高度敏感和灵魂脆弱的人。当然，对于具有敏感特质的人身边的朋友、家人、领导、治疗师以及任何与他们一起生活、工作和关心他们的人，这本书也是一个不错的选择。

这些年来，先是作为一名牧师，后来又成为一名心理咨询师，我陆续接触了很多高度敏感型的人。渐渐地，我发现，首先去深入了解什么是高度敏感型人格，这对他们非常有利。我在给他们开展讲座和培训的过程中，见证了他们在倾听别人的故事和分享自己经验的过程中受益匪浅的成长经历，也深切地感受到了他们发自肺腑的感激。

因此，我决定在这本书里给我的患者和学员留一点空间，让他们讲述自己作为一个高度敏感型人的种种经历。书中分享经历和想法的主人公都是高度敏感型人格，或许，你会从中看到自己的影子。

我知道，一定有人能够通过自己的努力，重拾勇气和信心，与自己的高度敏感型人格和平共处。但我更希望，这本书的出现可以启发更多的敏感者和相关人士。

本书的第一章就会告诉我们什么是高度敏感型人格。人与人之间总是存在着巨大的差异，敏感者之间也一样。你或许只能从自己身上找到部分敏感的特质，而并非书中描述的所有。不过不用担心，读下去，你会从书里找到答案。

你并不需要严格按顺序阅读书中的章节。如果你觉得某些章节对你而言理论性太强或者太过基础，你完全可以跳过它们。

在本书的尾声，除了一个可以测量个体敏感程度的问卷之外，还有一个活动清单，或许能引领你找到快乐的源泉，提升个人幸福感。清单里会推荐一些可以获得激励和勇气的策略，还有当你被压得喘不过气时的放松小窍门。

伊尔斯·桑德
2010 年 6 月 9 日

欢迎来到第二版的《高敏感是种天赋》。

第二版增加了对敏感型人格进行相关研究的介绍性的章节。我也更新了参考文献。第一版中关于愤怒的部分被我删除了，因为它让这本书过于强调"陷入感情迷宫并从中寻找出路"的纠结。这也为我想写的其他内容腾出了空间。

伊尔斯·桑德
2014 年 10 月 10 日

高敏感是上天给予你
最好的礼物

脆弱的灵魂和高度敏感型人格，有时候虽然束缚了我们，但也给我们带来机会。许多年来，我自己也是只看到了它成为枷锁，牢牢锁住自己的一面。和大多数人一样，我对此也难以接受。在真正了解高度敏感型人格之前，我也曾将自己定义为一个内向的人。

当我在开放型的大学或者其他机构做培训时，我告诉学员们，待会儿课间休息时，我需要去休息一会儿。学员们常常会尊重我的决定。也正因如此，常有人跑过来告诉我，他们其实也有这种需要，我能够如此自然地提出这样的请求，也给了他们表达出来的勇气和信心。

尽管高度敏感的特质让我有一些局限，但它也极大地丰富了我在其他方面的经历——譬如我拥有非常丰富的内心世界。在培训过程中，我从未出现过才思枯竭、殚精竭虑的时候。敏感性特质让我的一切都变得有趣起来，也能一年又一年地吸引人们来听我的课程和讲座。

通常，很多高度敏感型的人，同时也会被贴上低自尊的标签，因为我们的行为和特质与普世的文化价值观相悖。很多高度敏感型的人都在苦苦挣扎，努力想将自己的生活过成别人眼中期待的样子。或许只有在退休之后，他们才懂得放慢生活的脚步，回味和思考自己的人生。

或许有人告诉你，不要太担心，要坚强一点，去跟其他人一样享受生活……当你被不断地鼓励去像这样改变自己时，你会发现很难爱上那个高度敏感型的自己，因为你在尝试改变，好去迎合他人。如果真是这样，那么你首先需要的是学会接受自己，接受自己本来的面目。你需要做的第一步就是以质而非量来衡量自己：在工作中，你或许不如别人高效，但你可以极大程度地保证质量；你可能在广度上逊色，但你在深度上却可以绽放夺目光彩。

多年来，我也总是拿自己与别人比较，懊恼自己不够好。为此，我不得不坚持训练自己，努力将注意力从"我不能"转移到"我能"。

你也可能有过因为感觉到自己的不够好而深受困扰的经历，因为你无法忽视它们。甚至你因此而可能无法进行长时间的社交活动，在那样的场合，你注意到了这点，别人也感受到了："你待不下去了，是吗？"但是，如果你能有意识地忽视这一点，你会发现自己也能去认识新的人，结交新朋友。甚至你可能在接下来的几个小时内就完成别人一晚上才能做的事，即使他们的精力比你更充沛、恢复力比你更强。

我希望，这本书可以帮助那些高度敏感型的人以及其他拥有脆弱灵魂的人，使他们意识到自己拥有的和能够拥有的，远超过他们的想象。

高度敏感可以极大地丰富我们的人格特点……只有在糟糕或者异常的情况出现时，它的优势才会转变成明显的劣势，因为那些不合时宜的影响因素让我们无法进行冷静的思考。

没有比把高度敏感归为一种病理特征更离谱的事。如果真是这样，那世界上 25% 的人都是病态的了。

——荣格（C.G. Jung）

Contents

PART
ONE 1

你是高敏感族吗

T HREE ^{PART} 3

只过对的生活

PART
Four 4
高敏感族在人际交往中
具有无与伦比的天赋

高敏感族面对冲突、愤怒、内疚、羞耻时的处理方式

PART SEVEN 7

在麻木的世界，敏感地活

你是高敏感族吗

在我们身边，每5人就有1人高度敏感

高敏感是与生俱来的气质

我们更加谨慎，危机管理能力更强

在我们身边，
每 5 人就有 1 人高度敏感

*如同人的性别可以分为男人和女人，我们
也可以将人格分为敏感型和复原型。*

30% 的高度敏感型人，是社交活动中的活跃分子，估
计人群中每 5 个人就会有 1 个是高度敏感型的。其实，不
管是在人类还是其他高等动物群体中，我们都可以区分出
两种类型——高度敏感型和高度复原力型。相比于敏感型，
高度复原力型会更擅长于勇敢地抓住机会，并对自己充满
信心。

如同人的性别可以分为男人和女人，我们也可以将人
格分为敏感型和复原型，并且这两种类型之间的差异可能
比性别的差异更大。

高敏感型人格并不是一个新概念，只是一直以来它以其他形式存在于人们的认知中，比如所谓的内向型人格。美国心理医生兼研究员伊莱恩·艾伦（Elaine Aron）首次引入了"高度敏感型人格"这一概念，并给出了它的定义。事实上，以前的她也坚信高度敏感性特质等同于内向型，直到她发现30%的高度敏感型人，在社交活动中居然是活跃分子而重新审视这个定义。

除了内向型，高度敏感性特质也曾被描述为抑制性、焦虑、害羞等，但是这些词语只是描绘了高度敏感型人在不舒适或没有安全感的环境中的状态，它们忽略的一点是：虽然高度敏感型人可能经历更多麻烦和挑战，但当周围的环境和谐舒适时，他们也能获得极致的快乐体验。

所以，如果周围的环境不够和谐，我们就可能快乐不起来；但是，如果一切顺利，即使如我们这般敏感的人也会充满活力。这已经是得到现有研究结果支持的结论了。研究显示，在挑战情境中出现强烈生理反应的孩子（敏感型儿童）会比其他孩子更容易生病，压力较大时也更容易出状况。相反，在积极和熟悉的环境下，他们会比其他儿童更少生病，更少出问题。

高敏感是与生俱来的气质

从很小的时候起，我们就能感知到身边的
不安和焦虑，并总是想尽办法去解决。

高度敏感型人拥有发达的神经系统。我们可以感知到
事物细微的差别，并对信息进行更深入的加工。我们拥有
活跃的想象力和丰富的内心世界，这意味着我们从外部世
界接收和感知到的信息，会触发大脑里各种概念、想法并
建立联结。如此一来，大脑"硬盘"很快就被填满，我们
也会不堪重负。

对此我有过亲身体验，当信息超量输入时，我能清晰地感
受到大脑被塞得不留一丝空隙，整个人会处于崩溃的边缘。比
如，让我和一个陌生人待在一起，不到 30 分钟，最多 1 个小
时，这种感觉就会出现。虽然我也可以控制自己，保持与对方

交流的状态，甚至假装乐在其中，但是我会因此而消耗大量精力，直至最后精疲力竭。

没有人喜欢被信息淹没、大脑里一片混乱和精力耗竭的感觉。如果你的灵魂太过脆弱，你会比别人更快地疲惫和耗竭。所以，当环境太过杂乱时，你需要将自己从中抽离。

下面的例子中埃里克（Erik）的经历可能会引起你的共鸣。当你好不容易为自己偷得一丝闲暇时，你担心别人会认为你有毛病，太敏感，很冷淡或者孤僻。

家里有大聚会时，我会常常跑去洗手间，呆呆地看着镜子里的我，不断用热水和肥皂搓洗着双手。当陆续有人来试图打开被我反锁的门时，我觉得自己必须得离开洗手间了，尽管我还没有得到足够的空间和平静。有时我也会将自己藏在报纸后面：我寻到一个角落，坐下来，举起报纸，将自己的脸挡住。报纸后面的我闭上双眼，努力想找到内心的平静。而我的舅舅，一个非常喜欢找乐子的人，溜到我面前，抢走我手里的报纸，嚷道："原来你在这里，想躲起来呢！"那时，所有人都笑了，除了我。

埃里克，48岁

所以，不只是消极的刺激和感知会让你筋疲力尽，积极的刺激——比如一个让你感到快乐的聚会——也会，可能需要你在聚会高潮时从中抽身。

这就是高度敏感型人格让我们遭罪的时候。我们当中的多数人都想要跟其他人一样在聚会上尽可能待得久一点，因为主人会想我们留下来，而我们也不想让他失望。并且，缺席聚会的后半程对我们而言也是一种损失。另外，我们还担心提前离开会给自己贴上枯燥、不爱交际、没礼貌的标签。

不过，尽管敏感的神经系统给我们带来了种种烦恼，却也让我们体验到了更大的快乐。

那些令人愉悦的信息，比如精美的艺术品、动听的音乐和鸟鸣、沁人心脾的花香、美味的食物或者壮丽的景色，所有这些都能带给我们极大的快乐。可以让自己深深沉浸其中，让快乐填满自己。

我们能感知更多的信息

如果你是高度敏感型人格，你可能已经意识到从不愉快的声音、场景或者气味中解脱出来是多么困难。你可能已经体验过被那些你并未主动选择却无法过滤的信息所困扰，甚至激怒的经历。例如，那些其他人觉得再正常不过的声音对你而言却是无法忍受的噪音，甚至让你的神经系统失控。

一个典型的例子就是除夕夜。作为一个高度敏感型人，璀璨的烟花划过夜空会让你非常快乐，但是你却难以忍受与之相随的巨大噪音。它们似乎穿透了你的耳膜，震动着你的神经，甚至让你在新年接下来的几天都烦躁不安。

在关于高度敏感型人格的研讨会上或者一对一的治疗过程中，我会让他们回忆一下自己作为一个高度敏感型人最美好或者最糟糕的经历，而除夕夜的经历则高居最糟糕经历的榜首。在他们看来，充斥着烟花爆炸声的除夕夜简直就是人间地狱。

与之类似，一些相对无害的噪音，比如隔壁邻居翻箱倒柜找东西的声音，可能也会让高度敏感型人头疼。因为他 / 她常常睡得比较浅，很小的声响都可能把他 / 她弄醒。

你可能还得注意一些特殊的环境或者场所。许多高度敏感型人容易被寒冷的天气和气流影响，因此不得不婉拒一些露天聚会的邀请。美发店里，烫发用的刺鼻化学药剂的气味会让你避之不及。衣服和家具散发出来的气味也会让你敏感的鼻子不堪重负。除此之外，对你而言，跟一个会抽烟的人待在一起也是一种挑战，即使他们同意不在你面前抽烟。我还知道一些敏感的人，他们会因为自己无法屏蔽掉广播里连续不断的噪音而不得不停下手中的工作。

咖啡馆里播放着你不喜欢的嘈杂的音乐会让你头疼。狭窄拥挤的地方也会让你难受。

事实上，你会发现找到一间适合高度敏感型人的咖啡厅是一件非常难的事情，而这会让你和你的同伴十分苦恼，尤其是在你又累又饿的时候。

　　我常常对自己感到沮丧，因为我是如此难以将
就。我希望自己能够不那么计较这些事，就跟其他
人一样。

苏珊娜（Susanne），23 岁

　　但是，作为一个高度敏感型人，我们发现自己很难不
去计较这些细节。我们的疼痛阈限相对较低，对我们而言
当环境变得糟糕时，我们会经受比别人更多的痛苦。

高度共情，容易受别人的情绪影响

　　多数高度敏感型人都会厌恶自身所处环境中的冲突，
比如目睹一场争吵，或者只是待在一个氛围紧张的环境中。

　　但是，这种感受的优点在于，我们能进行高度共情，

并给予共情式的倾听。很多高度敏感型人做着照顾他人的工作，拥有良好的口碑、为人所称道。

高度敏感型人在帮助和照顾他人方面十分尽心，往往在一天的工作结束后筋疲力尽。高度敏感的特性让他们对别人的情绪也非常敏感，并受其影响。但是他们并不擅长将自己从他人的痛苦中抽离出来，他们也很难在回家后就对自己的工作不管不顾。

所以，如果敏感型的你，工作对象是人，那么学会照顾自己就显得很重要，因为你很可能过快地将自己燃烧殆尽。

人们常常问我，是否可以学着不那么容易受影响？作为一个高度敏感型人，你具有非常发达的触角，因此你会非常清晰地感知到周围发生了什么。有时，我会希望自己能够将这些触角打结，用来阻止外界的信息进入到自己的大脑，这样一来我就可以聋一点儿，瞎一点儿，麻木一点儿。但这是不可能的，你唯一能做的就是找到正确看待你经历和感受到的一切的方法。

举个例子来说，如果你正经历一段紧张的关系，着眼于你思考问题的方式会对你有所帮助。可能你会想："这个人好像生我的气了，我做错什么了吗？"或者你也可以这样想："这个人好像有点儿沮丧，他可能需要多关心一下自己。"如果你倾向于第一种想法，原本就令人头疼的状况会变得更糟。第六章会进一步介绍感情和思维是如何紧密联系在一起的。

在充满支持的环境中，你对氛围的敏感性也可以成为一种动力。心理咨询师和神经系统专家苏珊·哈特（Susan Hart）说过：

> 当婴儿对他周围的环境反应敏感，他会更容易受这些刺激的影响……那些在一个安全和充满关爱的环境中成长起来的孩子，能够发展出很强的感受快乐的能力，对周围的环境充满兴趣，主动探索，积极共情，协调发展。

在温馨和谐、充满关爱的环境中成长起来的敏感儿童，会更多地体会到敏感带来的好处。当然，如果你在儿童期没有得到温暖的照顾，你也能在成年后学会自我关怀，给自己以爱的馈赠。你可以给予自己支持，安顿自己的生活，给你的敏感型人格一片天空，去实现它的所有可能，让它成为你的动力。

强烈的责任感，甚至想要拯救世界

研究显示，与一般 4 岁左右的儿童相比，抑制性（敏感性）的儿童更少欺骗他人、破坏规则或者做出自私的行为，即使他们知道没人看着他们。并且，在经典的道德两难问题中，他们也更倾向于根据对社会的影响来选择合适的行为。

许多高度敏感型人都有着强烈的责任感，认为自己需要承担整个世界的责任。从很小的时候起，我们就能感知到身边的不安和焦虑，并总是想尽办法去解决。

当我感觉妈妈不开心时，我会非常乖，努力避免给妈妈惹麻烦。我不断思考如何才能让她好受一点。直到有一天，我想到了一个办法，决定

对遇到的每一个人都露出微笑，希望妈妈收到
他们的赞扬。因为她是如此能干，养出这么好
的一个女儿。

汉娜（Hanna），57 岁

当你感知到周围的紧张和不安时，你迫切想要卷入
其中，承担责任，甚至给自己施压，迫使自己立即去改
善一切。

参加派对时，你总是积极倾听朋友的哭诉，努力回应
他们的沮丧，认真思考可行的对策。可是慢慢地，你感觉
到了疲倦，甚至需要马上离开，回家休息。然而此时朋友
们似乎已经从痛苦中恢复过来了，继续节日的狂欢。

卷入到他人的生活中，积极承担责任是不是一件好事
呢？这得看情况。主要的问题在于，一旦我们被他人的焦
虑和不安影响，神经系统会因此失去平衡，那么我们很难
保证下次能成功隔绝这种影响。

其实，没有人能为所有事情负责。当你正在为某些人或者某些事尽责时，你其实并没能同时兼顾到其他人或者其他事。有时，学着后退一步，让他人负责，使之从错误中汲取教训或许会更好。

当我学会不要对人人都尽责时，我发现我拥有了更多能量和精力。

埃贡（Egon），62 岁

高度敏感型人总是努力避免给他人带来不便或痛苦。他们也花更多精力去维持与他人的关系。而那些相对神经大条的人，似乎更少去考虑将要说的话或者做的事。这让敏感者们非常难以接受。他们难以置信有人会说出如此不适宜甚至伤人的话。因为他们认为所有人都应该跟自己一样，习惯在人际交往中深思熟虑，谨小慎微。但事实上，并不是所有人都如此。所以，如果他们早已认识到这一点而不是一次又一次受到冲击，那么他们也不会因此而倍感受伤。

　　如果跟敏感者们一样对周围的一切都过于关心，你会发现自己跟他人交流的反应明显下降，常常处于被动状态。举一个常见的例子，在与别人争辩的过程中你可能常常败下阵来，但是只有到了第二天你才会意识到当时应该如何说、如何做。

　　不过，我不得不强调非常重要的一点，那就是高度敏感型人并不总是富有责任感、充满关爱和同情的。当他们被刺激淹没，精力耗竭时，也会非常不顾及他人，甚至是难以接近。

拥有更加丰盛的内在世界

　　高度敏感型人拥有无比丰富的想象力，他们梦想中的人生总是精彩纷呈，内心世界也是五彩斑斓。从个人经验来讲，独自一人时，我很少感到孤独无聊，甚至享受其中。我不需要依靠别人获得快乐，相反，我会因此获得自由。

　　对于那些日程紧凑，生活忙碌的人而言，失业或者退休很可能是人生中难以顺利渡过的危机。相反，敏感者们对此的态度要积极许多，他们非常欢迎这天降的自由，将之视为难得的机会去创造新的自我，享受宁静的生活。

敏感者们思如泉涌，并不需要特别激励。这股强大的动力甚至让人感到莫名的恐惧，因为它似乎是源于内心深处的强烈渴望。你听，它正在呼唤你赶快行动起来。

> 我喜欢画画，但有时画画也会是一种负担。一旦我的脑海里浮现出画的影像，内心就会迸发出一股压力，迫使我必须立刻拿出画板，将它记录在画纸上。
>
> 利兹（Lise），30 岁

这股天生的动力可谓是价值连城的财富，当然，前提是你懂得如何利用它。正是因为它，敏感者们才能在不同艺术流派中创造出各种非凡的作品。不过对我而言，我会尽量避免在晚上 10 点后被这股力量唤起，因为如若此时出现任何不错的想法，都意味着我整晚的睡眠将被剥夺。

　　这一切是因为敏感者们的意识和无意识之间的间隔太过无力，无意识的意念和想法很容易在他们进行创作或者编织梦想时闯入大脑，变得清晰可见。

孜孜不倦地探索精神世界

　　很多高度敏感型人相信，人，只是世界的一部分。我们对自然怀有深深的敬畏，能感知自己与动物和植物之间的联结。于是，一部分人选择去探索不同的宗教信仰和相关组织，比如教会、自我发展中心、心灵交流团体等。但更多的人会选择创造自己的信念体系，或者广泛吸收各种信念，选择适合自己的信仰。

　　我们与上帝、神灵、守护天使或者任何类似的形象之间的关系非常隐秘。我们可以自己建立与神的联系，并不需要牧师、宗教领袖或者心灵大师的指导。对多数敏感的人而言，与比自己更强大的形象交流是一件再自然不过的事，但是这并不意味着我们迫不及待想与别人分享这些事。

我们更加谨慎，
危机管理能力更强

我总是提前考虑好每个细节，想象所有可能的风险，并准备好对应的解决方案。

进入一个完全陌生的环境，你有两种可能的选择：一种是立即投入到新环境之中，进行探索；另一种是先等一等，看一看，思虑周全之后再行动。

一些人和动物会采取第一种策略，因为他们总是反应迅速，行为果敢，喜欢冒险；而另一些会选择第二种策略，因为他们总是谨小慎微，习惯行动之前先耐心观察一段时间。

以上两种策略在不同情境下都可能是合适的。比如一群兔子迁徙到一片贫瘠的草地，天敌相对较少，那么采取第一种策略的兔子会有更大的概率生存下来。它们会迅速占领这片草地，在其他相对谨慎的动物到来之前把一切吃个精光。相反，如果这是一片肥沃的牧场，但是捕食者也很多，此时第二种策略则是最佳选择。那些冒险冲动的兔子可能首先被天敌捕杀，而谨小慎微的兔子们则及时发现了潜藏的危险，从而有更大的概率存活下来。

同一物种里的个体对这两种策略有不同的偏好，这对整个物种长久存活下来是非常有利的。有时，只有果敢迅速的个体才可以存活下来，因为胆怯谨慎的个体会因为退缩导致挨饿至死；而有时，胆怯谨慎的个体让群体里的其他成员都效仿着保持警惕，这增加了每个成员存活的概率。不过，不管倾向于哪一种策略，都会有足够的个体存活下来确保整个物种的延续。

相比之下，高度敏感型的人更偏好第二种策略，在说话做事之前总是先仔细观察，认真思考。你可能对这类场景再熟悉不过：在开始一段对话之前，你可能已经想了很多，"如果他拒绝了，我就这样做；如果他看起来比较高兴，那我就……"行动之前，你可能已经把所有可能的结果都考虑了一遍。

高度敏感型的人不仅擅长想象可能的结果，还常常能预想出可能出现的问题。在开始一件事之前，你可能会思前想后，将所有细节考虑周全。不过，这虽然会帮你降低出错的概率，但是它也会降低你对事物的接受速度，因为你总是花太多时间去担心可能的风险。

当我为培训做准备时，我总是提前考虑好每个细节，想象所有可能的风险，并准备好对应的解决方案。而相对心宽的人就不需要做如此精细的准备，因为即使一切没有按照计划进行，他也不会自乱阵脚。

但是对我而言，一整天的培训已经耗光了我所有精力。如果再有任何出乎意料的情况发生，我也没有多余的力量去应对。所以，做好最周全的准备是最明智的选择。

事实上，习惯预设可能出现的问题，考虑所有可能发生的事是一种非常好的能力。要知道，并不是所有人都能做到。这对于那些难以忍受出现意外情况的人更是如此。但是它的缺点在于：你很有可能得长期处于担心焦虑的状态。或许你已经对此深有感触。如果真是这样，你可以学着如何选择性地关闭这项能力。一些放松技巧或者冥想有时会比较管用。

或许会有人鼓励你，要敢于尝试，别瞻前顾后，学着"兵来将挡，水来土掩"。但是，如果你是一个高度敏感型人，行动之前花一点点时间考虑一下反而会更加明智，因为你并没有多余的精力去处理冲突和失误，你的身体里储存的能量实在有限。尽量避免没必要的争吵，因为它会让你的神经系统久久不能恢复常态；也要避免饥饿、干渴和寒冷，因为跟其他人相比，你会因此受到更深的影响。

思考慢一点，到得快一点

敏感者们总是能看透整件事情，这也是为什么你需要比别人更多的时间来思考一件事。它的好处在于，无论你说什么或者做什么都是经过深思熟虑的，或者是富有创造性的。许多作家、艺术家或者思想家都带有典型的高度敏感型人格特征。

我一直无法理解为什么有些人能够在眨眼之间就做好一个决定。对我来说，在工作会议期间，我很难确定自己的想法和感受，也无法决定自己更倾向于哪一个行动方案。我更想把它留到后面，给自己一点时间将事情想清楚。一开始我会为自己在工作中延长大家做决定的时间而感到愧疚，无奈大家已经习惯了我的行事方式。但当我将自己的决定回复给同事时，我发现他们非常尊重我的观点和想法，因为这是深思熟虑的结果，思维非常缜密。

延斯（Jens），55 岁

与高度敏感完全对立的是行为被冲动和无意识控制。但是当某些高度敏感型的人被刺激淹没，无法抽身时，他们很可能达到绝望的顶峰，濒临爆发，进而做出一些冲动行为来帮助自己抽身离开，比如突然辞职，跟朋友断绝关系，疯狂地吃喝玩乐，甚至是给年迈的父母打电话发泄自己的情绪。

　　有时，高度敏感型的人会被误解为患有边缘性人格障碍（Borderline Personality Disorder, BPD）。两者的区别在于，高度敏感型的人很快会为之前的行为后悔，尤其是当他们的行为给别人带来痛苦或者不快时；而边缘性人格障碍倾向于做出生气和自我防御式的反应。作为一个高度敏感型的人，你非常想要避免出现任何失误。一旦你伤害了他人，即使是动物，不管以什么方式，你都会感到极度愧疚，长时间处于深深的自责中。

追求生活有趣、有味

　　多数敏感者倾向于选择相对谨慎的策略。他们总是将安全放在首位，享受熟悉的感觉。但是也有一些敏感者喜欢冒险，探索新的事物。如果你觉得自己容易感到无聊但又容易感觉疲惫，那么你很可能是一个喜欢寻求刺激的敏感者。而想要从中达到平衡其实并不容易。

　　作为一个寻求刺激的敏感者，如果你的生活总是被安排得满满当当，你很快就会厌烦这种不断重复和无休无止的生活节奏。你总是想要给生活加一点调料，使之变得有趣一点。你渴望去旅行，尤其是去那些你从未去过的地方。

在旁人看来，这些寻求刺激的敏感者很可能会自己找一堆麻烦，难以收场。尽管他们很容易受到刺激，也很容易被刺激淹没，但他们总是不断地去寻求新的挑战，又不断变得疲惫不堪而难以应付这些挑战。事后，他们又会为自己的行为感到自责。但其实他们并不需要自责，因为对未知的渴望并没有错，只是这种渴望很难与他们的高度敏感型人格平衡。这有点儿像开车，我们必须一只脚踩在油门上，同时另一只脚踩在刹车上，只有两只脚完美配合才能驱使车子平稳前行。

高敏感人喜欢聊深度

大约有 70% 的高度敏感型人属于内向型，而另外 30% 则属于外向型。如果我告诉一个来访者，在我看来他 / 她应该是一个内向的人，常常会立刻遭到反驳："不可能，因为我不会一个人呆坐在角落里，我并不喜欢一个人的感觉。"

如今，"内向"这个词可能已经带有贬义了。人们总是将它与难以接近、事不关己，喜欢自己待着，爱钻牛角尖或者总是游荡在网络世界里等形象联系起来。

根据荣格的理论，相比于物质世界，内向型的人更关注内心活动。但这并不意味着他们只关心自己心里的一隅，其实他们也关注着别人。

如果你是一个内向的人，你会发现自己对关于物质的肤浅话题丝毫不感兴趣。漫无目的的闲聊很快就会耗光你的耐心。但你却很乐意与人进行有深度的沟通，不管是一对一的对话还是分享式的小团体交流。相比于很多人的大群体，你更喜欢一些小组织，因为它所需要的精力更少。

其实，即使你是一个外向型的敏感者，你也不会将所有的时间都用于社交。因为你同样需要属于自己的时间来处理纷繁复杂的信息，跟内向型的人一样。

我们很容易混淆高度敏感型和内向型这两种特质，它们的确存在一些共同点。比如，荣格认为，内向的人也有丰富的内心世界，喜欢思考和反省。并且这两种类型的人都不需要过多的外部刺激，心里都有五彩斑斓的生活，被自己丰富的思维和想象滋养着。他们也需要花费很多能量来思考和消化外部输入的刺激和体验。

当然也有特例，一些高度敏感型人虽然极度内向，但并不回避社交，即使长久待在大群体中也不会感到不适。这些人常常成长于一个大家庭，或者习惯了学校的集体生活或者其他人多的生活方式。对他们来说，这种许多人在周围的感觉是熟悉的，甚至是安全的。高度敏感型的人在社交中表现活跃的另一个可能的原因是来自环境的压力。如果在你成长的过程中，只有在你表现得外向活泼时才能得到家人的认可，那么你会觉得表现得外向是一种必需。

我们很容易理解为什么 70% 的高度敏感型的人比较内向。因为小团体有利于他们思考，也不会轻易让他们身心俱疲。

但是，让高度敏感和外向并存则非常具有挑战性。对高度敏感的外向型个体而言，当他们兴致勃勃地想要进行更多的社交时，总是对自己感到失望。这种情况也会出现在高度敏感的内向型个体中，只是程度相对较轻。

给自己贴标签，就是为人生设限

事实上，不可能存在一种分类方法让我们百分百地符合其中一种类型，因为 100 个人就有 100 种类型。如果你尝试将自己与某一种类型匹配，那么你一定无意识地排除了人格中其他无关的特质。一旦你将自己定义为某一特定类型，你就会根据该角色给自己设定界限，进而忘记自己还有改变和成长的潜能。

将人定义为不同的类型能够让我们意识到人与人之间的差别有多大。如果我们没有发现这一点，我们就可能一直处于认为所有人都跟自己一样的误区里。进而，如果他人的行事方式跟自己不同，我们就会断定这是不对的。在我意识到这一点之前，我就常对自己说，那些精力充沛、生活匆忙的人一定是因为害怕像我一样深入了解自己。我坚信他们其实是在逃避某些事物。而现在，我知道他们只是以不同的方式生活着而已。

同样地，外向型的人也可能相应地认为，那些内向型的人其实就是冷漠、自私，对他人没兴趣，不愿意将时间浪费在别人身上而已。如果外向型的人看见对方宁愿一整晚都独自待着而不愿跟自己一起度过，他很可能开始思考自己到底做错什么了，因为他无法理解安静的独处是一件多么快乐的事。另外，理解人与人之间的不同也能帮助夫妻之间更深地了解对方，增进双方感情。

高敏感人最应学会的，
是停止内耗

为什么高敏感族更容易心累
为什么高敏感族容易自卑

为什么高敏感族更容易心累

典型的高度敏感型的人总是给自己设定很高的标准来评判自己的行为。

追求完美，乃至苛待自己

我们很难时时刻刻记住需要遵守的箴言。它们有些是父母设立的，有些则是我们自己因某些特殊时刻而设立的。其实，箴言对于生活的存在，就像用勺子吃饭一样。当你刚开始学习使用勺子时，你必须仔细考虑整个过程，一次又一次练习拿稳勺子，并准确无误地将食物送进嘴里。但是你一旦学会，它就会变成无意识过程，行云流水一气呵成。

或许你已经将习得的规则完全自动化，可以无意识地按照规则行事。但是，问题在于这些规则可能已经过时，对你不再适用了。

一般来说，敏感型人都很难长时间活跃在社交中。如果你认为自己必须按照那些古老、死板的人格箴言行事，比如必须成为一个社交达人，那你会很快消耗掉所有精力，疲惫不堪。你可能真的对自己太苛刻了。当我跟一些高度敏感型人交流时，也会遇到一些类似的值得商榷的规则，下面就是一些典型的例子：

- 在任何情况下，我都必须尽全力去做事

- 我不能让别人发现我的缺点

- 我不能做一个自私的人

- 我必须时刻留意他人，确保他们不出问题

- 当有他人在场时，只顾满足自己的需要是很不礼貌的

- 我不可以犯错

高标准之下的高期待

典型的高度敏感型的人总是给自己设定很高的标准来评判自己的行为。比如：

- 乐于助人

- 热情友好

- 善解人意

- 保持警惕

- 周全体贴

- 踏实可靠

- 关心他人

或许你的人格箴言就是百分百地做到以上所有方面。如果真是如此，你应该已经清楚地知道，你很难在此基础上设定界限，从而为自己留一点儿空间，得到短暂的休息。因为一旦设定界限，让自己有所保留，你就与设定的人格箴言和自我形象发生冲突了。

高自信往往对应低自尊

你可以通过以下方法区分自尊和自信：

- 自信是相信自己的能力和行为

- 自尊是对自我的核心认知，对自我综合价值的肯定

我们很少见到高自尊、低自信的人。对自己形成良好认知的个体，会主动寻求适合自己的挑战，百炼成钢，走向成功。

相较而言，更常见的组合是低自尊、高自信。低自尊的个体常常通过努力工作，或者在某一个领域表现得才能卓越来弥补不足，提升自信。在工作中非常优秀的员工，可能对他们自己的能力有非常清楚的认识，对他们擅长的领域充满自信。但是，与此同时，他们也非常没有安全感，总是怀疑自己是否足够优秀，能让别人真正喜欢自己。

为什么高敏感族
容易自卑

你会发现即使你表现得不够好，人们也会
喜欢你。

高标准常常与低自尊联系在一起。这可能是因为高标准算是低自尊个体的一种补偿策略。你越认为自己不值得被爱，你越会努力去遵循一些高标准的要求，让自己可以值得被爱。

对于高度敏感型的人而言，低自尊的原因可能有很多：

我们的行为方式与我们所在的社会文化价值观不符。一些高度敏感型人可能从小就因为自己的缺点而备受指责。

妈妈老说我太敏感了。

英厄（Inger），50 岁

　　或许自打出生，我们就已经成为父母的难题，他们可能会时不时数落我们。虽然在一个复原力强的孩子看来，这并没有什么，但这样的话却会久久停留在敏感孩子的脑海之中，挥之不去。对他们而言，这就是典型的自己的行为给别人带来麻烦和痛苦的经历。

　　我们总是很擅长在自己身上寻找问题的根源。从前文已经知道，我们偏好的策略之一就是预测可能出现的问题。但在实践的过程中，我们又常常从自己的行为中找错误。我们宁愿责备自己也不想被人批评。

　　如果某人指责我，我会为此想很久。即使这种指责是不合理的，我也会不断地问自己：他 / 她批评得对不对，还是我只是听不下去别人指责我？

珍妮（Janne），31 岁

我们总是觉得，自己应该为别人的责任买单。我们可能从小就已经对此有所体会，比如下面这个小故事：

当妈妈不高兴时，我总觉得是我的错。我很内疚，因为自己无法让她的心情好转。我觉得自己不是足够好。

艾达（Ida），52 岁

你是不是经常委屈自己，讨好他人

或许你已经或多或少地意识到：

我是一个很难相处的人。但是，如果我努力去讨好别人，他们可能就不会离开我。言外之意：如果我不尽最大努力去讨好他们，我就得一直是一个人。

或者:

没有人会喜欢我这样的人。但是，如果我努力一点，我就可能会被周围的人接受。言外之意：如果我不努力，大家压根儿都不会理我。

可悲的是，低自尊和高标准总是互相强化。如果你总是按照你的高标准行事，不断地委屈自己讨好他人，你会发现人们会喜欢你，但是你永远无法真正地知道他们是喜欢你这个人还是感激你的付出。

如此一来，你会不断地肯定自己不招人爱的猜想。即使你一次又一次的与爱相遇，你也会告诉自己这份爱只是因为你的高标准，而不是因为你这个人本身。有一次，我告诉一个来访者，在我看来她很可爱，而她回答道："那是因为我付给你钱了，你当然会这么说。"来访者常常告诉我："我给你钱让你听我聊天，让我觉得很轻松，因为我不必费尽心力讨好你，不必想尽办法让我们的对话有趣一点。"

许多人为了融入群体而努力付出。小心翼翼地留意着一切，努力表现得热情友好、乐于助人，这也是一种付出。

如果你通过付出而进入某个群体，那么你永远都无法确定别人喜欢你是因为你这个人本身还是因为你的付出。如此一来，即使你发现有人喜欢你，你也仍然是自卑的。

如果你总是对自己感到失望，那么高标准也会对你的自我评价产生负面影响。当你以这些高标准要求自己时，慢慢地你也会疲惫不堪。如果你常常进行自我评价或者自我批评，你很容易会陷入恶性循环之中难以回头。

根据以上分析，如果你真的用很高的标准来要求自己，那么找到合适的方法来降低标准就显得至关重要了。否则，你最终会被这些标准压垮。一旦你稍微留意那些你需要遵守的所谓的人格箴言，就会触发这一系列消极反应。所以，你需要不断练习。如果你愿意尝试去反抗你的箴言，最后你会发现你以为会出现的灾难性局面并没有出现。当你即使没有实现你的高标准也能感觉良好时，你就会逐渐放低追求完美的界限，变得更加轻松。

通过降低自己的高标准来反抗人格箴言，会带给你一些非常美妙的体验——尽管你内心的焦虑告诉你不要这样做——你会发现即使你表现得不够好，人们也会喜欢你。

甚至可能有人会告诉你，你变得更加随和，更好相处，相处起来也更令人愉快了。

学会做自己，不用时时为别人付出，这会对自我认知产生积极影响。降低标准也会给你腾出更多的精力去与他人相处。看，你将要进入一个良性循环了。

适当降低自我要求，也就降低了焦虑

如果一直以来你都习惯于牺牲自己，那么停下来就会让你非常焦虑。此时，你可以从小的方面着手。当别人向你寻求帮助时，你总是习惯于说"可以"，那么现在你可以试着说"不可以"。或者你可以试着对你即将提供的帮助设定界限："我很乐意今晚帮你看孩子，但是只能到晚上9点，因为我还有其他事情要做。"

不要担心降低标准后，你会被他人讨厌或者排挤，因为这并不一定会发生。你的朋友选择你，是因为他们喜欢有这样一个思虑周全、乐于助人的朋友在身边。当然，如果你不再提供让他们习以为常的付出，他们也可能会对你失去兴趣。这时，你应该仔细考虑，是否愿意冒着失去友谊的风险来降低标准？或者说，那些只对你的付出感兴趣的人是否真的值得你继续让他们留在你的生活里？是否应该趁此机会去发掘你们友谊里的其他东西？一般来说，不可能所有朋友都会离开你，但是也无法保证所有人都会留下来。这给了你绝佳的时间和机会去鉴别身边哪些是真正的朋友——是因为你这个人而不是你能为他们所做的事而跟你成为朋友的。

你的内在小孩，是不是总担心被抛弃

相比于一个复原力强的孩子，那些神经系统异常敏感的孩子在被陌生照料者丢在一边，甚至有过被抛弃经历的，会受到更多伤害，也可能会提升他们的焦虑水平。

有时，你并没有意识到自己其实已经是一个成年人了。你仍然像小时候一样害怕被抛弃，好像自己仍然非常弱小、无力，无法依靠自己生存下来一样。

所有小孩都需要足够的照料，否则他们很难存活下来。但是，成年人却可以在荒芜的沙漠中独自存活数年。如果有人提醒你，你不再是小孩了，你可以靠自己生存下来，生活也不再那么危险，你或许就不再那么焦虑。但是你的恐惧已深入骨髓，只有新的经历才可能撼动你的神经系统，改变长期固有的状态。当语言不再有效时，我们就需要用自己的亲身经验来改变固有的观念。

　　我决定不再在办公室做一个委曲求全的人。我迈出的第一步就是告诉我的同事：她高声打电话的声音严重干扰到我了。我为此在床上辗转反侧一整晚，脑海里浮现各种可能的结果。我想象她会非常生气，甚至直接跑到经理办公室要求把我换到其他办公室。

　　整个早上我都坐立不安，试图寻找一个机会跟她聊一聊，但是每次都失败了。

　　午休的时候，我出去散了散步，整理了一下思绪。回来之后，我深吸一口气，将心里早已想好的话告诉她。我的心剧烈地跳动着，我努力保持呼吸均匀。似乎一切都安静了下来，我焦虑得不敢抬头。时间变得如此漫长。然而，她说道："我希望你能更早地告知我。不过还是谢谢你现在讲出来。"于是，我们一起协商，并为此找到了解决方案。这是一个美好的结局。后来我意识到，我好像更喜欢她了，我能感觉到她也是如此。如今，我们开始分享更多的想法了。

　　这次经验极大地鼓励了我。于是，我回到家，诚实地告诉丈夫，他晚上起床开灯其实会影响到我。

莱恩（Line），43 岁

　　解决那些阻碍和限制你的人格箴言，你会为自己找到更多的自由，你会拥有更多可能的选择，你也不再被那些严苛的规则限制。

恶性循环

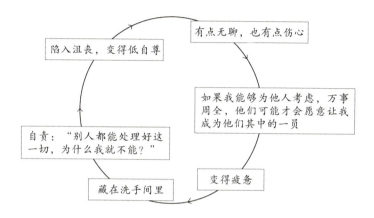

有点无聊，也有点伤心

陷入沮丧，变得低自尊

如果我能够为他人考虑，万事周全，他们可能才会愿意让我成为他们其中的一员

自责："别人都能处理好这一切，为什么我就不能？"

变得疲惫

藏在洗手间里

良性循环

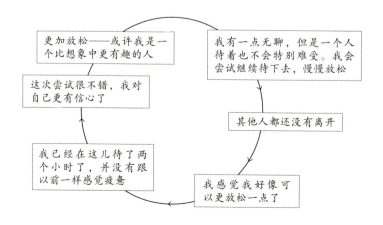

更加放松——或许我是一个比想象中更有趣的人

我有一点无聊，但是一个人待着也不会特别难受。我会尝试继续待下去，慢慢放松

这次尝试很不错，我对自己更有信心了

其他人都还没有离开

我已经在这儿待了两个小时了，并没有跟以前一样感觉疲惫

我感觉我好像可以更放松一点了

做最真实的自己，你会拥抱崭新的人生

很多人一生都在等待自己拥有足够的信心和勇气，去面对被抛弃的那一天，也因此付出了高昂的代价。其实更快捷的方式是在你获得信心之前就去面对被抛弃的风险，那么信心也会紧随其后。不过，这有一种纵身跃入虚无世界的感觉。

如果你不断地努力，让自己值得被爱，那么现在你应该做的事就是停下来；如果你费尽心思地隐藏，不让别人发现你的缺点，那么现在你应该做的事，也是停下来。

在内心深处，每个人都渴望因自己这个人而被爱，而不需要努力向别人证明自己值得被爱。想要实现这一点，你需要做的第一步是，鼓起勇气向人们展现真实的自我。放弃你精心伪装的光彩照人的门面，即使你会担心真实的自己会吓跑他们。没错，将自己完全暴露在你在意的人面前，确实容易让自己受伤。但是，你也因此有了机会去看看，身边哪些人会因此离你而去。又或许，你会发现有些人甚至会离你更近一步。

当你不再浪费精力去伪装自己，变成你认为的"别人

眼中期待的样子"，而是慢慢地将真实的自我展现出来，你会拥有全新的、被肯定的人生体验。即使你呈现出来的自我不那么完美，你也会发现人们会一如既往地接受你、关心你。这将化解你内心的恐惧，增加前进的勇气，让你有力量进一步展示真正的自己。与此同时，你会发现自己有了更多的精力支撑自己与他人交流，维持更长时间的社交活动。

只过对的生活

高敏感族的断舍离

允许自己偶尔
做一个自由而无用的灵魂

高敏感族的断舍离

学会说"不"是敏感者们必备的生存技能。

作为一个高度敏感型人，想要享受更多快乐，你就要为自己的敏感型人格创造空间。为此，你需要对一些挚爱的东西放手，尽管这是一个非常痛苦的过程。如果你无法腾出足够空间，让敏感型人格感知快乐，那么你会更难以忍受自己做出的牺牲。

根据个人兴趣，选择性地尝试以下列表中的方法，为自己的敏感型人格创造空间吧：

- 享受自然

- 积极创造

- 静坐，沉思

- 做一些对身体有益的事：跑步、跳舞、按摩、游泳、洗澡或者足浴

- 做一些改善心情的事：给自己买束花，欣赏花的绚丽多彩、芳香四溢；试试美食，听听音乐，将生活装扮得赏心悦目

- 逗逗小动物

- 写一篇日记，写一首诗，写一本书

- 欣赏艺术，或者自己尝试创造

- 培养有意义的人际关系，让你与他人的关系更进一步

　　本书的末尾还附有一个更长的行动列表，它可以帮助敏感型人练习如何追求丰富的生活，如何寻找幸福的灵感。敏感的朋友为了自己的福祉，必须对某些事说"再见"。

学会对他人的越界行为说不

学会说"不"是敏感者们必备的生存技能。如果你真的想要为生活设定界限，那么你需要明白如何清晰地界定你的界限。否则，你总是处于摇摆不定，被刺激吞噬的状态。高度敏感型人之所以挣扎着想要设置界限，是因为我们的忍受阈限比别人更低。对那些复原力更强的人来说很容易处理的事情，对我们来说就可能是个大麻烦。

我和一个同行，住的地方相隔200公里，但我们坚持每两个月见一次面，并且每次都是她来我这里。如果我是她，每次开这么久的车已经让我疲惫不堪了，更别提沟通讨论。而她却正好相反，她觉得开车可以让她放松，跟我见面也让她很快乐。我们一般会在一起待3个小时左右。但是我中途需要休息，其实就是我们各自单独待一会儿。有时，如果我忘记要求休息，那么她也不会主动提出，因为她似乎并不需要，即使她一早就起床开车过来。于是我告诉自己，我也不需要。可问题在于，我如果没有短暂的休息，在最后半小时里我就很难集中注意力了，因为输入的刺激太多，我来不及处理。

利兹（Lise），45 岁

你可能常常陷入这样的两难困境：一方面你不想打扰别人；另一方面你需要谨慎考虑你敏感型人格的需求，否则你很可能因为被过度刺激，甚至因此生病而更加麻烦他人。

跟别人聊一聊你内心的挣扎或许会有所帮助：

我并不是要赶你走，而是如果你能离开一会儿，会对我们的交流更有帮助。因为我现在很累，很难在我们的交流过程中注意力保持集中。

我很希望自己能继续留下来，但我实在是有些累了。如果我现在不回家休息，明天我就没精力做家务了。

虽然我非常不愿意结束我们如此有趣的交流，但是如果我们能另选一个我不这么累的时间继续我们的对话，我想我们会收获更多。

或许你对诸如此类的两难困境十分熟悉，因为你总是挣扎着想要从中选择一个让对方更满意的方案。最终，你会疲惫不堪而无法考虑周全，甚至不加解释地直接起身离开，或者希望不被注意地悄悄溜走。

相反，当你将内心的挣扎说出来，它很可能就自行解决了。对方也会尊重你的决定，因为你征求了他／她的意见。

给自己独处的时空，允许生命留白

我们的文化强调热情好客，在客人决定离开之前，我们必须不断地提供茶点，招待客人。由于敏感型人格难以承受长时间的社交活动，因此我们也很容易陷入挣扎。有些敏感者们干脆选择不邀请别人来做客，避免客人在家里磨磨蹭蹭，不愿离去，把自己也累得够呛。

经过多年的训练，我已经能够对他人的来访做出合理的预期和安排。了解我的人都知道，我很容易被过度刺激。他们习惯于在长时间的相处中给我短暂的单独空间，花一点时间来处理输入的各种刺激。但即便如此，我有时仍然需要鼓起勇气去跟对方提出我的需求。而有时——尤其是我疲惫的时候——我会有些退缩，选择努力说服自己并告诉对方，我不需要休息。可是，我会因此付出代价：有可能我会在最后难以保持注意力集中，也可能是在第二天变得比平常更加疲惫。

如果你有足够的勇气告诉他人，你很容易疲惫，虽然你很享受跟他们在一起的时光，但是长时间相处后短暂的休息也是好的，那么你离成功适应自己的敏感型人格不远了。

你是生活的创造者，而非被动适应者

这就是对脆弱的灵魂来说最艰难之处了。多年来，你可能一直为自己做不到别人能做到的一切而自责不已。你甚至因此无比愤怒而对自己更苛刻，让敏感的神经系统失去平衡。你不想承认那是你的局限，而是不断思考着自己如何才能做得跟别人一样。

有时我会答应一些超出自身承受范围的事情，因为我不能忍受别人能做到的事自己却做不到。如果我不得不推掉一些事情，我会非常内疚。我努力伪装，似乎一切都很好。其实我已经筋疲力尽，脸上看不见一丝笑容，也无法跟他人进行任何有实质性的交流了。最后，我会连续几天处于疲惫和不快的状态之中。

赫勒（Helle），31 岁

当你生气时——无论是因为自己还是别人——你都仍然是在为某些事情而奋斗。直到某一天，你接受了自己其实只能做这么多的事实后，你的愤怒就会转化为悲伤。此刻你必须对一些喜欢的东西放手，因为你能承受的实在有限。

当然，一些敏感者有时会因为放手而感到孤单：

我开始跟越来越多的东西说"不"，也将自己排除在各种纷繁复杂的环境之外，因为我知道自己无力承担。幸运的是，我感觉越来越好。但是与此同时，我也感受到了前所未有的孤单。比如，在公司里，同事们在办公室欢快地闲聊时，我不得不忍受因为自己主动远离而被他们所厌恶。我也想加入其中啊！

马丁（Martin），40 岁

接受自己是敏感型人格的事实，会让自己陷入一段疲惫和悲伤的时期。我们曾经梦想着做出改变，不再如此敏感，而今我们需要一点时间，来治愈放弃梦想带来的伤痛。

当上帝关上了一扇门，一定会为你打开一扇窗。当你不再努力变得跟他人一样、内心强大而自信时，你可以开始接受自己脆弱的灵魂，并根据你独特的敏感需求来安排自己的生活。渐渐地你会发现，即使没有源源不断的压力，在快节奏的生活和麻木的环境里，你也可以开心地活着。当敏感型人发现自己可以主动创造自己的生活环境时，他们也会适应得越来越好。

允许自己偶尔做一个
自由而无用的灵魂

跟自己的身体友好相处缓解焦虑，减少过度刺激给你带来的不适。

　　输入大脑的刺激可能来源于外部环境，也可能来源于个体内部。比如，你可能因为自己乱七八糟的想法和层出不穷的梦想而被过度刺激。现在，我会从外部刺激讲起。输入大脑的刺激中有 80% 是通过我们的眼睛输入的。如果闭上双眼，我们就可以屏蔽大部分的信息输入。在一天之中空出一点时间，闭上双眼，稍稍休息。如果你不喜欢闭目养神，你可以选择看一些平静的事物。例如，当你在汽车或者火车上，你可以闭上双眼；又或者别人在你面前看电视时，你也可以尝试闭上眼睛，屏蔽刺激。限制视觉信息输入的另一种方式是戴顶帽子或者戴个墨镜，又或者撑一把大伞，遮住视线。

阻断听觉刺激的输入，相对也比较容易，比如戴副耳塞、用耳机听歌。我觉得 MP3 真是一个不错的发明，我无论到哪里都会带着它，阻隔外界那些喧闹的声音。如果有人在我身边打电话，我就会马上拿出耳机，打开音乐来听。

每次演讲之前，我总是先听五分钟音乐，让自己完全沉浸在音乐之中，彻底放松。我通过音乐与灵魂深处的自我沟通。一旦我忘记带耳机，我就会意识到它对我的重要性，甚至让我难以在演讲过程中保持跟往常一样的状态。在演讲开始前的五分钟里，别人的对话不断地闯进我的意识里，干扰我的注意力，让我难以与自我进行沟通。

事实上，我们并不是总能意识到喧闹的环境已经影响到了自己，常常是事后才恍然大悟。有一次，我和别人待在一个喧闹的咖啡厅里，当时并没有觉得有什么干扰，认为自己能够将噪音过滤，全神贯注于我们的交流。但是当我走出咖啡厅，呼吸到新鲜的空气时，才意识到屋内的氛围太过令人紧张，而我已经筋疲力尽了。

　　之前我一点都没有意识到，但自从我尝试戴着太阳镜，塞着耳机，流连在这座城市的街道长达几个小时之后，我才发现自己不再像以前一般疲惫。

汉斯（Hans），33 岁

做点"无用的事"，给自己充电

　　当你被刺激淹没，难以忍受时，你会想要躺在床上，盖上被子，逃进梦中。也因此，你最终将宝贵的生命浪费在睡觉这件事上。如果你缺乏睡眠，那么睡觉将是一个不错的选择。但是，它并不能解决过度输入的刺激所带来的问题。另一方面，那些过多的刺激还可能对你穷追不舍，让你在梦中也无处安身。

　　很多敏感型人对此都深有体会，带着太多的信息入睡常常让他们难以安眠。所以，入睡之前找到内心的平静十分重要。

几乎每晚躺下之前，我都会花点时间写东西或者画画。因为这可以让我为这一天暂时画上句号，让内心平静下来。最重要的是它可以让我睡得安稳。

丽塔（Rita），70 岁

大脑只有在我们保持身体直立的时候，才有足够的能量去处理各种信息和感知，躺着或者处于半睡半醒之中则难以做到。如果你感觉刺激过多，有些难以应付，你可以尝试安静地坐着，做一点轻松的事情，给大脑充足的时间来处理信息。

我将这个重新找回自己的过程称为"无目的行动时间"。很明显，你很想让这段时间快点过去。其实，你不必一定要在这段时间里感到快乐和轻松，因为很可能直到第二天你才会感知到它对整个神经系统的促进作用。

在"无目的行动时间"期间，你不必完全处于被动状态，重要的是放松注意力。试着阻断更多的信息输入，将能量收回到自己身上，处理那些尚未来得及处理的信息，让自己平稳下来。想要实现这一点，你可以尝试做一些日常琐事，比如洗碗或者运动。你可能觉得在这段时间里效率很低，没做太多事情。其实并不然，你的身体里发生了许多变化，你的大脑正在处理各种纷繁冗杂的信息，身体各个部位也在积极地配合着。

对于许多敏感型人或者灵魂脆弱的人而言，如果第二天有很多事等着他们处理，他们也会需要"无目的行动时间"来为自己充电。我就是一个典型的例子，如果第二天我需要给别人做培训，那么前一晚我会需要安静的空间，清理大脑，处理前一天遗留下来的信息。

在大脑充斥着各种信息时，尽管睡眠并不能解决问题，但是小憩却可以让你神清气爽。不过，如果入睡后超过半个小时，你会进入更深层次的睡眠，这对于你忙碌的一天而言并不是一件好事。醒来以后你会昏昏沉沉，挣扎许久才能让头脑再次回到清醒状态。所以，白天小憩时，记得设置闹钟。

善待自己的身体，与之友好相处

许多高度敏感型人对水情有独钟。无论是喝水，在水边散步，用水洗澡还是在水里游泳，对我们都是极有好处的。我几乎每天都会足浴。我喜欢双脚跟水接触的感觉。然后，我会用精油按摩双脚。这能够让我放松，感到快乐，有助睡眠，尤其是在睡觉之前做这件事的话效果会更好。

跟自己的身体友好相处缓解焦虑，减少过度刺激给你带来的不适。如果你感到紧张，可以尝试按摩双脚。你还可以通过其他方式跟身体交流。有的人选择跑步或者跳舞，有的人选择练习一些放松技巧或者看点视频。所有这些方法中，运动是极其有利的，因为它需要你有意识地将呼吸与身体运动协调起来。

当我感觉受到过度刺激而导致无法继续社交活动时，我会尝试运动。有时我甚至会直接在起居室的地板上做些简单的运动。它除了帮助我跟我的身体保持协调以外，还可以让我的胳膊变得更加强健有力。我知道这并不是在浪费时间。

延斯（Jens），42 岁

勇敢表达自己，可以降低刺激的侵蚀

不断接受外界的刺激，可能你会受刺激侵蚀，而勇敢地表达自己，却可以达到相反的效果。如果你总是在倾听他人，接受信息，而没有机会表达自己，你会更快地将精力消耗殆尽。你得学会对身边的人有所辨别，不要让你们的相处，演变成你是那个总在倾听的人。许多敏感者常常受益于日记、音乐或者艺术，因为他们可以在其中自由地表达自己。

学会移情，停止纠结

如果你是一个思维消极的人，那么你很容易被灰暗的想法和不断的自责所淹没。如果真是如此，你可以尝试一些认知技巧，来更好地控制自己的思维。关于这些技巧你可以在第六章详细了解到。

总而言之，时刻留意到底是什么盘踞在你的脑海中挥之不去。如果我发现自己在不断地想一些不堪其忧又毫无裨益的事，我会主动停下来，不再继续纠结。我的大脑非常活跃，所以我能轻易地将内部注意力转移到其他想法上。

比如，当我听到地下室有响动时，我的第一反应是有贼。这会引发我想象自己接下来的各种举动。然而，这一切其实只发生在我的大脑里，我的身体却因为想象而紧张不已。如果在我正打算休息的时候听见声音，那就更不幸了。所以，当我意识到自己这些脱离现实的内心活动时，我会尝试通过将注意力转移到其他想法上来停止想象，比如庆幸这一切只是想想而已，说不定还救了自己呢。如果我不能成功转移注意力，我会尝试为自己的想象编造一个简单迅速的结尾。

向身边亲友坦陈诉求和感受

我应该选择告诉谁，我是一个高度敏感型人呢？这是我做咨询时常常被来访者问到的一个问题。

一般来说，我相信告诉你身边亲近的人，高度敏感意味着什么，会对你的生活有所帮助。一些敏感型人在工作中进行了尝试，成效很不错。他们发现，领导可以理解自己作为一个敏感型人的状态，在工作中也会对此有所考虑。但并不是所有敏感型人都能幸运地被身边人理解，相反，通常他们的敏感型人格，甚至会被贴上病态的标签，或者被认为是他们逃避工作的借口。

　　我很少用"高度敏感"这个词来描述自己。我会直接告诉他们，我需要什么，我擅长什么，哪些对我没用。其实他们并不需要知道敏感型人的独特天赋和局限是敏感型人格的一部分，重要的是我们自己知道这一点，并知道世界上也有人跟我们一样就好。清楚地了解这一点，会给我们莫大的勇气去做自己——即使有人会认为，我们的行事方式很奇怪。

PART 4

FOUR

高敏感族在人际交往中
具有无与伦比的天赋

高敏感人更喜欢高质量的互动

深聊还是浅聊，
把主动权掌握在自己手中

高敏感族更喜欢非语言交流

高敏感人
更喜欢高质量的互动

高度敏感型人擅长与人建立非常深入的关系，因为他们在一段关系中，能察觉到比别人更多的信息。

高度敏感型人或者灵魂脆弱的人，很容易陷入一个让自己被信息淹没甚至吞噬的对话中。你努力在对话中表现友好、专注、包容的特质，因为你擅长站在对方的处境中，深度共情。这种能力在敏感型人身上非常常见，当然，这似乎也常常使他们变成"垃圾箱"，成为朋友们倾诉的对象。但是，这样的对话会在短时间内消耗掉你所有的精力，进而增加你的负罪感。所以，学会辨别就显得很重要，选择特定的人，特定的对话，规定一定的对话时间。因为你的精力有限，那么就选择一些对你有意义的互动吧。

高度敏感型人擅长与人建立非常深入的关系，因为他们在一段关系中，能察觉到比别人更多的信息。当两个敏感型人在一起时，他们会建立其他人难以感知的、亲密的、深厚的联结。这种联结不会产生压力，相反，它会让敏感者们更有活力——即使是那些习惯于自己给自己充电的内向型人格的敏感者。

接下来我会给大家提供一些策略，帮助你合理地设置界限，更好地掌控对话，避免在对话中被信息吞噬。

停下来把注意力放在自己身上

有时，我感觉自己快要被对方滔滔不绝的演讲淹没。如果我没能提出休息一会儿，最后很可能什么都没听进去。那时的我就好像挣扎着在大海上漂浮，只求快点结束旅程，到达彼岸。

你或许对此也深有体会，在对话中感觉窒息，苦苦找不到出口。其实你只是暂时卡壳了。为了找到合适的解决方案，你需要休息一会儿，将注意力收回到自己身上，仔细想想接下来如何说、如何做才是最好的。

事前想好可能的解决方案会有所帮助，这就意味着你不需要在现场花费精力去思考合适的对策。以下是一些可行的建议：

友好但坚定地告诉对方："我们可以休息一会儿再继续吗？"试着举起你的手，将目光收回。这些身体语言其实是在告诉对方，你已经将注意力从对话中撤回了。根据自己的状况，慢慢来，别着急。如果对方试图再次开始对话，而你还没有得到足够的时间和空间，可以告诉他："再给我一点儿时间可以吗？"

你还可以说得更详细一点儿："我需要一点儿时间去思考你刚刚跟我讲的东西"，或者"我需要一点儿时间来整理我的思绪，一旦我可以继续，我会马上告诉你"。

或者你可以说："不好意思，我现在有点儿不在状态，注意力有点儿跟不上我们的对话了。"

如果你开始觉得，你们的关系让你有点不舒服，可以说："我觉得我们之间的关系有点变化，我们要不要先聊一聊，一起找找问题所在？"（这相对来说是更深层次的对话了，它也只对那些了解你、愿意更进一步探索你们之间关系的人有用。）

预期自己多久之后可能会感觉疲惫，提前在手机上设置闹钟，让自己能及时得到休息。当闹钟响起时，你就告诉对方，你需要暂时离开，休息一会儿。

互动需要得到反馈，而不是个人独白

当你跟他人倾诉你的想法和感受时，你需要得到反馈，了解别人如何看待你讲的东西。如果你是一个很在意他人想法的人，或者想要保证对话中信息交换的协调性，反馈就显得尤为重要。否则，你直接将你的想法写到日记上就可以了，而不必如此大费周章。在表达自己的过程中没有收到任何反馈，会带给你无比的空虚感，让你不确定花费精力跟人倾诉是否真的值得。

角色调换过来也是如此。当你作为一个倾听者时，给对方反馈同样十分重要。尤其是当高度敏感型人扮演倾听者的角色时，应当学会适当地表达自己，以免受到过度刺激。当你从对方那里获取了大量信息之后，你需要暂停，给自己一个机会，告知对方刚刚听到的一切对自己的影响。如果你只是不断地倾听、接受信息，却没能进行任何主动表达，你很容易出现沉重的积压感，直至难以呼吸。

平衡他人眼中的自己和现实中的自己

如果你讲述的是一些非常隐私的东西，那么你会更加迫切地想要得到回应。想象一下，你告诉对方你很心累，很伤感。你会很想知道，对方此刻如何看待你。如果对方说"你确实看起来很疲惫"或者"你对自己的状态很了解，很坦率"，你会非常受用。但是如果对方什么也没说，你可以主动问："在你看来，我现在状态如何？"如果角色调换了，作为一个倾听者，有人告诉你他/她此刻的感受，你可以问："你想知道我的感觉吗？"

在我的课上，我会让学员回家问身边的三个人："在你看来，我是一个什么样的人？"很明显，他们会回来告诉我，他们得到了多么惊喜的答案。他们会被深深地影响、鼓舞，甚至为自己感到骄傲和幸福。曾经有一个学员，将此描绘为他很长一段时间内最美好的经历。也有人可能会因为别人给出的答案而焦虑，进而决定在这方面做出更多的努力。

如果我们能更好地平衡别人眼中的自己和现实中的自己，我们就可以更好地掌控生活，平稳航行。当然，还有一些人没能成功地得到他人的反馈，因为他们无法说出口，担心这个问题会让他人认为自己太自恋。不过，如果你这样去问或许会容易一些："老师让我们回来问三个人，我给别人的印象是什么。所以我想问问你，你觉得我是一个怎样的人？"

除此之外，你想得到的第二种回应，应该是共情。你可能想知道对方是否能真正理解你的处境。如果有人能清楚地了解到你现在的状态，会让你有所缓解。如果有人说"这种感受确实会让人难受"或者"如果是我出现这种感受，我会完全没耐心，迫不及待想要改善"，你会因为这些共情的语言而有所好转。你会应和道："没错，我现在就是这种感受。"然后，缓缓地呼一口气——显然你得到了安慰。

或者你可能说："我感觉也不完全是这样——它更像是……"但是有人尝试跟你共情已经很不错了，即使他们没能准确地理解你的心理状态。如果对方并没有尝试角色互换，站在你的角度产生共情，你可以问他们："如果此刻你是我，你会怎么想？"相应地，如果你对倾诉者产生共情，你可以说："这对你来说，肯定非常……"

你想要的第三种回应可能是对你刚刚所讲述的一切，对方会产生的想法和感受，他是否因为你的处境而高兴或者伤心。如果对方没能主动去谈，你可以尝试去问："我刚刚给你讲的这些有没有让你想到什么？"或者"我刚刚给你讲的这些对你有产生什么影响吗？"

你想要的第四种回应应该是被进一步追问。如果对方问："你能更详细地给我讲讲吗？"你会很开心。但是如果对方没有追问，你可以说："关于我刚刚讲的这些，如果你能提一点问题，会对我很有帮助。"如果角色反过来，作为倾听者你可以问："你介意我在你讲的过程中问问题吗？还是说你不想我打断你？"

你想要的第五种回应，或许微不足道但是不可或缺，应该就是确定对方真的在倾听。有时，你非常想知道对方是否听见你刚刚讲的东西或者他们是否准确理解了你想要讲什么。为了弄清楚这一点，你可以向对方提出请求，比如："你可以把刚刚我讲的内容反馈给我吗？"如果你是倾听者，你可以说："我觉得我应该告诉你我刚刚听见的是什么，避免对你讲的东西理解有误。"

在夫妻咨询中一个常见的阶段是，让夫妻双方练习重复对方刚刚说了什么。尽管这听起来没太大作用，但其实并不是。听一听对方对自己讲述内容的反馈，可以帮助你停止无休无止的重复讲述，对双方的沟通非常重要。于是，你知道了对方是如何理解你刚刚所说的话了。我也常常将此运用到咨询中，不断重复或者重新诠释来访者讲的内容。其实，这也是一个放缓沟通进程的方法。当你们在讨论一些相对困难或者需要额外注意的内容时，尤其有效。

○ 了解对方如何看待你

"在你心中，我现在状态如何？"

"你想知道我的感觉吗？"

○ 共情

"如果你是我，你会怎么想？"

"这对你来说，肯定非常……"

○ 分享想法和感受

"我刚刚给你讲的这些对你有产生什么影响吗？"

"你想听听我的看法吗？"

○ 进一步追问

"关于我刚刚讲的这些，如果你能问一点问题，会对我很有帮助。"

"你介意我在你讲的过程中问问题吗？还是说你不想我打断你？"

○ 确定对方真的在倾听

"你可以把刚刚我讲的内容反馈给我吗？"

"我觉得我应该告诉你我刚刚听见的是什么，避免对你讲的东西理解有误。"

当你明确了你想要问的问题类型，你可以开始留意在不同的情境中你想要的回应类型，接着寻找方法获得回应。你也可以学着寻求机会给予对方反馈。它们可以帮助你避免在倾听的过程中卡壳或者把两个人的交流变成一个人的独白，因为长时间的信息接收对于灵魂脆弱的人来说是一件非常有压力和高度紧张的事。你可以在这期间做一些努力，让你们的对话更像两个人的交流，让你的信息输入和输出保持平衡。

如果你觉得这很难实现，不要担心，不止你一个人这样觉得。你需要不断训练才能掌握这些策略，并且它们也并不是在所有关系模式中都适用。

深聊还是浅聊，
把主动权掌握在自己手中

你喜欢将精力用于那些看起来有趣的事上，
因为在你看来那是值得的。

作为一个高度敏感型人，深入的对话总是能引人入胜；相反，肤浅的聊天却让你索然无味。你喜欢将精力用于那些看起来有趣的事上，因为在你看来那是值得的。

不过，在必要的时候能成功地将深入的对话带回到表面，轻松地结束对话，进而将注意力转移到其他事情上也非常重要。在你十分疲惫，无法支撑继续对话下去时，也需要及时避免对话变得更加深入。

如何有针对性地"深聊"

最简单直接的方法就是保持安静，注意倾听。沉默可以在无形之中增加对话的深度。在心理咨询过程中，如果我和来访者只是安静地坐着，什么也不说，一段时间后我们的交流会更容易进展到更深层次。当然，也不排除有人会不习惯沉默，短暂的沉寂反而会让他们加快沟通的进程。在这种情况下，沉默并不能带来更深入的对话，甚至会让接下来的交流更加杂乱无章，浮于表面。

你可以试着向对方请求："能讲得更详细一点吗？"如果对方仍然停留在事件表面，你可以直接询问一些直接相关且更进一步的问题。当你们交流的内容变得越来越具体，你的卷入程度也会越来越高。比如，如果我说："现在的人真的很没礼貌。"对方回答道："你能举个例子吗？什么事儿让你有了这种感觉呢？"在这样的追问下，我会进一步讲述道："就拿昨天来说吧，我给朋友打电话，想跟她倾诉一下，但是她似乎一点都不关心我，丝毫不感兴趣我身上到底发生了什么。"在类似的情况下，这样的对话会触碰到我的内心，让我感受到有人能真正了解我的感受。如果只是泛泛而谈，那么我们会持续被负面情绪困扰，无法释放。

但是如果我们更有针对性地去谈问题的具体表现，被真正倾听就不再是不可能的事了。

　　所以，想要进行深入的对话，你需要从泛泛而谈转变到具有针对性的交流，甚至以个人经历举例。相应地，如果你想要将对话拉回到表面，你可以再次转换到泛泛而谈式的交流。

不想交浅言深，
泛泛而谈或只是解释说明是不错的选择

　　如果你不想对话变得太深入，泛泛而谈或者解释说明是中断对话的不错选择。如果我说："我感觉有点累，有点伤感。"而对方只是概括性地回应你："我觉得每个人在这个时候都会有这种感觉。"这样的回答会让我难以进一步描述自己的感受。如果回应是解释性的，结果也一样。比如，对方回应说："你可能是因为昨晚睡得太晚了。"这些回答都会让你难以找到契机将自己的个人感受拿出来细聊。当然，这也不一定是件坏事。我可能会因此认为，其实其他人也会感觉疲惫，就跟我一样。这意味着，其实我并没有什么问题。如果你想避免话题变得更深入，你也可以利用这样的回答方式。

以前做牧师的时候，我常常用这种方法。遇到葬礼，我需要把很多事情交代给别人，比如安排葬礼的相关事项，选择在葬礼上吟咏的诗篇。我还需要搜集一些死者的信息，回家写一篇在葬礼仪式上用的演讲稿。所以我必须避免跟死者家属过深地交流他们的伤痛，此时使用一些概括性或者解释性的语言更加合适，也更有礼貌，而不是直接说："现在不是谈这个的时候。"但是，在葬礼之后拜访家属，对话就应该更进一步了。

在夜大教心理学时，我也会尽量避免跟学员分享过多信息。在学生众多的教学环境中并不适合暴露过多个人信息和感受。如果教学过程中涉及的内容有些私密，我就会使用概括性或者解释性的策略使其回到浅层次的交流。

高敏感族更喜欢非语言交流

高度敏感型人却擅长和别人静静待在一起也能进行灵魂沟通，无须过多矫揉造作的言语。

在与他人交流时，我们可以在四个层次中切换。接下来会一一说明具体是哪四个层次。

第一层次：短对话，浮于表面

在该层次，你不断转换话题，如同蝴蝶传播花粉一般，在花丛间逗留，却很少驻足。短对话的优点是，你很容易开始一个话题，结束一个话题也非常轻松。其实，短对话也是一种艺术。

　　性格外向的人很喜欢这种对话模式。这对他们来说就是一种用来放松的游戏，甚至可以跟对方开玩笑。但是，也有很多人做起来有些棘手，遇到不少问题。如果你也是这样，那么了解一些短对话的基本规则会非常有用。这些规则非常简单，你可以直接描述当前的状况。比如，"现在好冷""下雨了""这是什么味儿""好好吃""这些鞋子好漂亮"等等。然而，如果这样的对话持续时间太长，会让敏感型人崩溃的。大脑硬盘充斥着各种没用的信息，迫切渴望得到休息和滋润。

　　短对话有时是一个交流利器，尤其是在跟不熟悉的人相处时。短对话可以作为你们互相认识的敲门砖。重要的不是你说了什么，而是你说话的语气，让对方感受到你们还有进一步交流的空间。结识一个新的人，就是在建立你和他／她之间的纽带。在不熟悉的环境中，短对话可以给你带来安全感。如果你想继续探索你们之间共同的兴趣，短对话是你了解他的捷径之一；如果你对你们的对话并不满意，你也可以很快从对话中脱身。如果你觉得自己并不擅长短对话，那就只有不断地去练习了。

第二层次：寻找共同的兴趣

在该层次，我们寻找共同的兴趣，交换信息、想法，讨论政治、家庭以及其他有意思的东西。有时，我们会达成一致，定下约定。有人觉得该层次如同钓鱼，每次总会有新的体验和收获，又或者总是在激烈的争辩之后能量满满。不过对于高度敏感型人来说，他们更喜欢在共同的兴趣中交换意见，而不是带有攻击意味的激烈讨论，因为后者会让他们的敏感神经产生明显的不适感。

该层次也被称为"角色层次"，意思是在该层次我们讨论与工作、生活、家庭等相关的话题，会根据某个特定角色来展现自己。比如，作为妈妈给幼儿园工作人员提意见，作为护士给出关于药品的意见，作为画家提供关于颜色的看法。

在实践中你会发现，这样的对话常常被自信健谈的人支配和引导。如果这让你感到委屈，你也可以练习如何抓住机会表达自己。在某些情境下，这甚至可能演变成一场争夺战，因为每个人都想分享自己的东西，得到别人的支持。这一点对于高度敏感型人来说尤其困难，因为他们动作不够迅速，难以抓住机会发言，还有部分原因是他们无法忍受打断他人的发言这种没礼貌的行为。

在每个人都有机会倾听和被倾听的对话氛围中，你会非常放松和享受。想要实现这样的对话模式，你可以尝试跟对方聊一聊倾听的艺术。有的人可能并没有过多思考在讨论过程中，自己处于完全的支配地位时，群体会受到什么影响，或者其他人会有什么感受。如果你尝试将该问题拿出来讨论，让对方意识到这一点，情况或许会有所改善。

在该层次，你不需要讨论情感，因为这是第三层次的内容。

第三层次：让对方踏入你的秘密空间

在该层次，我们会聊一些自己关于某些人、某些物的经历和感受（如果我们开始讨论自己对面前这个人的感觉，那对话就上升到第四层次了）。此时，你会让对方踏入你的秘密空间，了解你不为人知的经历。你会跟他／她分享你的童年、婚姻、同事关系和家庭关系等等。你也可能切换到一些流言蜚语、八卦新闻。又或者，你们互相借助对方的眼睛，分析自己的情感，看清自己的内心，从而来进一步表达自己对某些人的看法。

这是一个对话氛围相对紧张和活跃的阶段。你甚至会意识到，你们是如此相似，你并不像想象中一般与他人不同。跟他人分享自己的内心世界会让你非常舒服，释放压力，感觉前所未有的轻松。

如果你觉得这做起来很难，那是自然。因为对话是关于你，关于你的内心，将之赤裸裸地呈现在他人面前肯定会让你感到尴尬和焦虑。与此同时，作为该层次的倾听者你也可能感到不适，毕竟对方的倾诉里也伴随着期待，对你们之后关系更进一步的渴望。同样地，对一个正在气头上的人产生共情倾听也不是一件容易的事。如果你感觉信息过多或者刺激过度，你也很难设身处地地理解对方的自白。

第四层次：坦诚相待

在该层次，我们会讨论两者之间的关系：我和你，此时此刻，是如何看待对方的。这种坦诚相待的对话氛围会比较紧张，但也只有在这种情况下，你才有机会去发现别人眼中的自己，滋养你的灵魂。

告诉你爱的人"我爱你"就是发生在该层次，即使丈夫对妻子说："每当你像现在这样看着我的时候，我都想离你远远的。"这样的交流同样是坦诚相待式的对话。

如何在不同交流层次间切换自如

开始一段对话，进入交流的第一层，你可以直接讲讲自己当前的感觉，包括味觉、嗅觉、听觉、视觉等，比如"今天阳光真好"。

从第一层到第二层

延长每个话题的停留时间。对食物的一点意见就可能将话题切换到对食谱的探究；对天气的简单点评也可能发展到对气候的讨论。当然，你也可以提出一个新的话题。

从第二层到第三层

分享一些个人经历，将对方带入到你的秘密空间。或者你可以单刀直入："别人请病假，你之所以反应如此强烈是不是因为担心他 / 她的工作很可能会落到你的头上？"

从第三层到第四层

首先，你最好确认对方是否真的想跟你进行如此深入的对话。这同时也给了对方准备的机会。以下是教你如何发起这样的对话的小策略：

- 我想跟你聊一聊我们之间的感觉。你可以吗？

- 我很想跟你聊一聊此刻我对你的感觉。你愿意听吗？

- 我想知道你对我的感觉。你愿意告诉我吗？

高敏感族更喜欢非语言交流

意识到对话正处于哪个层次能够帮你看清为什么有的对话会让你窒息，而有的却让你精神振奋。找到了背后潜在的原因，那么想要做出改变也会更加容易。将对话从一个层次切换到另一层次会带来很大的不同。如果你拥有足够的勇气将对话带到第四层次，即使你们的交流似乎已经到了死胡同里，你也可能拯救它，让它再现生机。

　　该模型是现实的简易版本，它没有将人与人之间的非语言交流纳入考虑。而高度敏感型人却擅长和别人静静待在一起也能进行灵魂沟通，无须过多矫揉造作的言语。

高敏感族面对冲突、愤怒、内疚、羞耻时的处理方式

如何处理与他人的冲突

如何进行怒气管理

内疚感其实是把愤怒转向自己

如何处理羞耻感

如何处理与他人的冲突

那些在暂时的争执中获胜的人其实并没有
过多考虑道德准则，他们能赢是因为他们
并不在意是否伤害到对方。

脆弱的灵魂不喜欢愤怒的情绪。愤怒是一种饱含能量
的情绪。生气时，我们的判断力很容易变得非黑即白，也
失去了对他人共情的能力。这都是我们不想看见的，不管
是发生在自己身上还是别人身上。愤怒的情绪来临时，有
的人痛快地吵一架就能舒缓排解，但对高度敏感型人而
言，却往往伴随着一定的代价。比如，因此失去平衡的神
经系统需要很长一段时间才能恢复原来的状态，重拾本来
的自己。

经验告诉你，当愤怒值达到顶峰时将其发泄出来并不
是件好事。你会因此受到巨大的冲击，因为不仅是你出现

强烈的情绪波动，你也会感受到对方的情绪起伏。如果你的愤怒给别人带来伤害，你也会感到痛苦，无法忽视内心强烈的自责感。这会刺痛你的神经，使你受困于内疚和自责的牢笼。

人们常常认为，高度敏感型人是胆小鬼，在面对别人的攻击时只会选择退缩。其实我们只是不想争斗，避免冲突而已。争吵和打斗之所以不是我们的强项还有另一个原因：那些在暂时的争执中获胜的人其实并没有过多考虑道德准则，他们能赢是因为他们并不在意是否伤害到对方。在他们看来赢了就行，不管以何种方式，即使他们的行为只是在攻击对方而并不是在坚持自己的观点。

如果你是一个灵魂脆弱的人，你会发现自己常常在争执之中战败。因为你会顾虑很多，也有不易妥协的价值观。这如同玩一个带有自我欺骗陷阱的游戏。

> 我觉得自己很没用，因为我总是那个在争吵
> 中节节败退，不断做出让步的人，无法说服对方

接受我的观点。

赫勒（Helle），57 岁

在一些短暂而激烈的讨论中，高度敏感型人似乎总是那个被迫妥协的人。但如果能给予他们足够的时间，让他们按照自己的节奏来，他们也能很好地处理那些相左的意见。如果不幸撞到别人枪口上，遇到别人正在气头上时，他们就很可能变得沉默和退缩。不过几天之后，他们就能重新振作起来，理清思路，直击重点，告诉别人他们能够忍受和不能忍受的东西。

敏感型人总是因为各种道德准则和价值观念而瞻前顾后，这并不意味着对其他人而言它们就不重要，也并不代表敏感型人必须时刻满足所有标准。不过，我们都想这个世界变得美好而有意义，为了这个目标我们应该朝着这些道德准则和价值观念的方向努力，构建出美好的理想世界。所以，尽可能地避免争吵，确保自己的行为不会给他人带来太多烦恼。

做咨询的时候，很多人告诉我生气对他们来说并不是一件轻而易举的事。其他咨询师则会告诉他们，不能只是为了坚持自己的观点而做出盛怒的反应，这是不正常的。但是当我跟来访者探讨该问题时，我发现他们只是采取了一种不同的策略罢了。

我是银行后援小组的成员之一。我的工作就是批阅别人呈递上来的信贷协议。常出现的状况是，有的人下午三点将协议交给我，希望我能在当天就返回给他们，因为他们向顾客承诺很快就会有结果。这样的要求让我非常沮丧，因为我不得不为此工作到很晚。

我必须得找到一个解决办法，因为我感觉压力越来越大了。我没能当着别人的面指出该问题，因为我并不擅长对他人生气或大喊大叫，所以我选择了另外一种方法。在一次早会上，我宣布如果有人在临近下班时间交给我一个紧急的案子，他们必须帮我决定我需要停下手里已有的哪一个案子，以腾出时间来处理紧急事件，因为我想准点下班。这确实很有成效。同事们很支持我的想法，紧急案子的数量也随之急剧下降。

吉特（Gitte），54 岁

清楚地说出"不"、"我不想做"或者"我不能接受"常常比直接表达愤怒更有效。如果仍然不见成效，你可以跟上面例子中吉特一样，罗列出可能的后果。

下面是关于一个高度敏感者在一个不太敏感的咨询环境中发生的故事。

曾经有一个咨询师想要教我如何表达愤怒，在她看来，如果我变得咄咄逼人一点，不那么小心谨慎，我会更加快乐。我同意了她的想法，因为我认为学会生气可以帮助我让事情按照自己的节奏来。

但随后我就意识到，在冷静地说"不"不管用时，怒吼也不会好到哪里去。这通常发生在当我需要某个东西时，对方却不能或者不愿给我的情况下。

现在回头来看，我其实应该拒绝咨询师的提议。她的好心是尝试改变我。尽管事实证明我可以通过怒吼来让一切听从我的安排，但我并不想让自己的需求以这种方式得到满足。

亨里克（Henrik），48 岁

上面的例子其实并不少见。很多高度敏感型人都有此经历，尝试一些无礼冲动的行为，放弃那些明智谨慎的策略。

处于愤怒的争执之中对灵魂脆弱的人有害无利。卷入一场激烈的争论之中会让我们被刺激淹没。一旦刺激过度和感觉窒息，我们很容易变得无能为力，陷入混乱。我们失去了对自我的感知，不确定自己的目标，像一艘在大海上迷失方向的小船。

作为一名心理咨询师，我常常帮助来访夫妻找到应对争吵的良策。例如，可以在争吵过程中叫暂停，并商议何时再次讨论该问题，直到达成协议。休战期间，他们可以独自出去散步或者运动，冷静下来。

如果你是一个灵魂脆弱的人，你可能需要从冲突中抽身，等到自己足够冷静之后再重建与自己的联结，重拾对他人的爱。

在过去，通过行为释放内心愤怒的情绪算是一种常识，比如拿一个枕头撒气。这也是咨询师们常常提供给来访者的策略之一。但事实是，当你用身体发泄愤怒时，激动的情绪不仅没有减退，还会火上浇油一般越烧越旺。跟他人聊一聊你的感受或者做一些有助于自己放松的运动说不定会更有帮助。

利用你的天赋去共情和反思

我建了一个关于愤怒的模型，从不同角度寻找愤怒的根源。我将这些愤怒之源分类，并针对每一类给出相应的建议。如果你不喜欢争辩和冲突，并试图回避它们，那么这个模型会对你有所帮助。我在另一本书《在情感的迷宫找到出口》里就已经写过该模型。在那本书里我写了如何利用你自己的天赋去反思，找到最简单容易的策略来避免冲突，甚至是小摩擦。

你还可以利用你的天赋充分共情。愤怒常常只是人们保护自己的盔甲。愤怒之下，往往隐藏着许多其他脆弱的情感。高度敏感型人则擅长去感知这些隐藏的情绪。有效利用你所感知到的信息，会有出人意料的效果。如果你能跟对方内心的脆弱情感进行沟通，就可以传递能量，腾出空间帮助对方治愈。

愤怒往往出现在期望未被实现或者需求未被满足之时。你对自己生气常常也是因为这一点。利用你共情的天赋找到未被满足的需求，或者，问问对方或者自己，你在期待什么或者你想要什么。你还可以帮助其他人找到那些被忽视的需求，进而消除怒火。你可以问他 / 她："你希望我能给你什么？"表达自己的愿望和需求会非常有用，即使对方不一定能满足我们。清晰地意识到自己的愿望和需求以及自己对别人的依赖能够帮助我们驱除内心的怒火，正视自己的缺陷，支撑我们活在当下，建立与他人的联结。

警惕不健康人际关系

作为基本准则之一，你可以认为一个正在气头上的人其实内心备受煎熬，没有得到足够的关心和爱护。但是如果共情仍不能解决问题，你也会达到你所能承受的攻击和辱骂的极限。

有的人并不适合做灵魂脆弱的人的同伴。有的高度敏感型人可以长时间维持不健康的人际关系，因为他们总是尽最大努力去相信别人，即使自己不断地受伤。他们不断地提供共情和友善，期待着有一天对方会做出改变。

尝试从旁观者的角度来审视这一段关系。想象一个你非常关心的人正处于你现在所处的这段关系之中，你看见他们被尊重，被理解，被友善对待了吗？如果答案是否定的，那么你需要谨慎使用你的共情天赋了，为自己设置界限，要求对方停止对你做出的行为。

越能明确表达自己，越会加深彼此的关系

冲突处理起来很棘手？说明你在避免向对方表达自己的不满，努力假装自己是可以接受的。或许你可以不断地告诉自己，这其实并没有那么重要，不要太在意。但如果你确实感到不舒服了，那么更好的选择是找到一条折中处理的黄金准则。我们通常选择的一个极端是找一个合适的对象指责，另一个极端是干脆把责任揽上自身，责怪自己。折中处理的黄金准则是：认真观察，勇于表达，最后不带偏颇地讲出自己感知到的信息。切忌说出"你毁了我的好心情"或者"我太敏感了"等类似的话。

下面是一些中性陈述的例子：

- 每当你像现在这样看着我的时候，我的胃就开始翻滚

- 我希望你能对我说话友善一点

- 我想要沙拉而不是咸菜

- 坚持我们一开始约好的时间对我很重要

对自己想要的和厌恶的东西越明确，交流也会越顺畅。清晰的界限有助于建立两个人之间的联结。你越能明确地表达自己，这段关系也会越深入。

从短时间来看，告诉自己这个或者那个并不重要似乎很有用，尤其是在你想要避免愤怒和冲突的时候；但是从长远来看，这并不是一个好主意。如果你害怕表达自己的负面情绪和想法，你们的关系将永远停留在表面，从而让你无法满足。

如果在合适的时候，敏感者们并没有为自己设置界限，那么其中可能的原因就是低自尊。

别人常常劝我，我不应该再继续忍受下去——我需要坚定自己的立场，要求对方给予尊重。我尝试过，但是当我试图大吼时，我那气喘、破碎的声音就出卖了我。

现在我知道了，这一切都是因为我缺乏自尊。在我的内心深处，我甚至怀疑我是否值得活在这个世上。我感觉自己某些本质的东西都是错的，能够活在人群中我应该心存感激，所以我不应该说"不同意"。我非常害怕自己在人前表达愤怒的样子。这不是因为我不会感到愤怒，也不是因为我不知道如何对别人高声吼叫。

延斯（Jens），45 岁

出现跟延斯一样的问题的人，不需要过多处理内心的愤怒，尽管很多人会建议如此。但实际上，他们需要处理的是自己低自尊问题。

如何进行怒气管理

愤怒产生距离，而悲伤拉近距离。

当内心首先出现、并迅速升温的情绪是愤怒时，它可以成为我们的保护伞，有助于我们审视内心其他情绪。在其他情绪之中，可能隐藏着通往真正快乐、充满活力的生机之路。而容易愤怒的人习惯于被自己的情绪牵着鼻子走，愤怒时，其他东西就完全看不见了。

愤怒之下隐藏着一种愿望，期盼着现实终会按照自己的意愿来改变。当然，愤怒是一种强有力的能量，可以清除所有障碍，让你为想要实现的改变而努力奋斗。一旦你感觉到愤怒了，就说明你正在为某些东西抗争——无论你是否意识到了这一点。

　　但问题在于，有的时候你努力抗争、想要实现的改变其实是不会出现的。如果你因为不喜欢同伴的某些方面而生气，幻想着如果你不断地纠正他、责骂他，他就会改变，你其实只能让你们的生活都变得更糟罢了，并不会带来任何好处。因为我们的某些特质是天生带来，几乎不会变化。

　　你不断地对年迈的父母生气，希望过去的某些事可以改变。或许真的会发生奇迹，你改变了你的父母，接受了小时候曾经被他们否定的要求。最终，你们得以融洽相处，幸福地生活在一起。或许直到有一天，我们终于找到了面对失去的勇气，接受现实就是如此，愤怒的心才会慢慢平静。于是你放弃了这场没有胜算的斗争，内心的愤怒也转变成了悲痛。与愤怒不同的是，悲痛的优势在于它可以唤起别人的同情，得到别人的支持。悲痛是一个过程，正常情况下会持续一段时间。不过你终究会挺过去，铭记并放下那些失去的东西。慢慢来，擦干眼泪，抬头寻找新的可能。不过，愤怒也可能转变成苦涩的回忆，陪伴你一生。

　　隐藏在愤怒之中的愿望会以不同的方式在不同的人际关系中表现出来，比如，与兄弟姐妹，与前任或者与上司之间的关系。如果你意识到了内心潜藏的愿望和现在奋斗的目标，找到向前的方向就易如反掌了。一旦你有所发现，可以选择朝着改变现实的方向努力——如果可能的话——也可以放下你的愿望，启动悲伤程序，然后寻找新的生活方向。

当你因为父母（或者前任）某些无法给予你的东西而悲伤时，你会开始怀着积极的心态去看待他们已有的和没有的一切，其实就跟你一样。即使你不能让时光倒流，回到梦中的童年时代，或者让你的婚姻重来一次，但你的人际关系仍然可以重新开始经营。当你不再继续尝试从别人那里获得他们并不拥有的东西，期待别人改变自己或者改变已经发生的事实，新的人生方向随时可能出现。

同样，作为父母面对已经成年的孩子的愤怒，你可以尝试向他／她展示你的无能为力，告诉他："我也希望我可以给你一个更好的童年。"作为朋友，面对好友因自己过早离开而毁了他的生日的指责，告诉他："我也希望自己当时可以不这么做。"

慎用"应该"这个说教利器

"应该"是一个说教利器，你可以用在自己身上，也可以用在别人身上。"我应该对孩子多上点儿心的"就是对自己进行道德评判的一个典型例子，将怒气撒在自己身上，对着自己开火。当然，你也可以将枪口瞄准别人，"你应该对我体贴一点"，或者更糟一点："我为你做了这么多，你至少应该心存感激"。

如果你是一个灵魂脆弱的人，你可能更倾向于评判自己而不是别人。如果你无法实现你的高标准严要求，那么一开始就攻击自己并不是件好事："我应该做得更好的——爸爸妈妈为我做了这么多，他们给我打电话的时候我应该感恩并感到高兴才对。"如此一来，你可能承载太多直指自己的负面评价了。结局就是你再次被刺激过度，精力耗竭。

从"应该"到"希望"，从愤怒到悲伤

将希望和愿望区分开来。希望与现实更加契合。如果你开始期待一些只会在童话里发生的事，那么请停止。这是将时间和精力浪费在本质上没有任何生命价值的事情上的行为。比如，在一段死气沉沉的婚姻中，妻子总抱着丈夫某一天会出现惊人的变化的希望，那么放弃这种虚无缥缈的希望，会让她的生活变得更好。一旦虚无的希望消失，

她就能够开始面对现实了。不过，这一切都建立在她能够
自己决定到底是接受现在的一切还是为自己做出改变的基
础之上。

愿望则有所不同。你的愿望可以是完全不现实的，比
如你希望一个已经去世的亲人重新活过来陪伴你。你无法
控制自己内心深处的愿望。喜欢黄色还是蓝色的花，不是
你能决定的，你必须听从内心的声音，找到答案。在某种
程度上你可以说，你就是你的愿望之所在。可能你就是某
个人希望的能一直陪伴在身边的那个人。

愿望在我们的生活中无处不在。意识到愿望的存在其
实是一件痛苦的事，尤其是你的生活与愿望相去甚远时。
它们暴露了你内心深处的悲哀。从个人经验来讲，我倒宁
愿直接触碰悲伤，而不愿意忍受愿望将伤痛掩埋时，那股
似有似无的灰色感觉。

说教其实是在和内心的愤怒沟通，不管它是针对自己，
还是针对别人。一旦感知到你的愿望，你就会为它能否被
实现而或悲或喜。

愤怒则停留在更浅的层次。人们之所以只愿意看见表层的愤怒，而不愿意触碰深层次的脆弱情绪，其中可能的原因有很多。或许是愤怒背后的悲哀让人难以承受；又或者发现自己无法拥有、无法改变时，苍白的无力感让你窒息。只要你停留在愤怒的状态，你就在为内心的愿望抗争。抗争得越多，感知到的情绪就越少。

对有的人来说，让愤怒主导自己，将之发泄到别人（比如父母）身上，就不用面对过去发生的事情了。你无法改变你的童年，也无法抹去曾经受到的伤害，你必须学会带着它们继续生活下去。当你能够接受现实，愤怒慢慢就转化成悲伤了。

在悲痛中逐渐被治愈。这是一个暴露自我的过程。身处悲伤之中，接受别人的爱和关心就容易许多。因为没有人愿意带着友善和关爱靠近一个怒气冲冲的人，愤怒中的你会将他们推得越来越远。所以说，愤怒产生距离，而悲伤拉近距离。

你的自我评价应该从"我应该跟别人一样把这些事处理好的"变成"我希望我能学会别人的处理方法去应对这

一切"。这可以减少你的自责，为悲伤腾出空间。同样地，将"你应该多给我一点支持"变成"我希望你可以多帮帮我"或者只是说"我没能得到你的支持"。

我希望作为一名读者，你能感受到当用自己的愿望代替"应该"式说教时，我们是如何进入到更深层次，并引起他人共鸣的。你可以试着将你通常用于评价自己或他人的话转化成"我希望……"或者"我没能……"的句式。试一试，看看是否能影响你对自己的感觉。你可能会感受到内心的平静，也可能是悲伤。对于敏感的神经系统而言，它们比愤怒更加有益。

内疚感其实是把愤怒转向自己

如果你为一些没有产生任何实质性的影响或者根本无法人为控制的事感到内疚，那么这种内疚感就是多余的。

想想你的内疚是否合乎实际

当我们讨论内疚感时，一般会考虑两种类型：

- 实际内疚感——这种内疚感会告诉你，你的行为实际上已经给他人造成了困扰

- 过度内疚感——指内疚被过于夸大或膨胀的感觉

内疚和能力其实是同一事物的两面罢了。内疚的人代表

着他本是可以控制局面的。譬如，在妈妈生日这天天气不好，那不是我的错，因为我无法控制天气；但是如果我没能在生日那天陪伴她，让她感到孤独，这就是我的原因了。当然，除非我两只脚都崴了，躺在医院里寸步难行，那就另当别论了。

如果你的内疚感和你的行为所带来的影响之间是成比例的，那么你的内疚就是合理的。你可能给别人带来快乐，也可能带来痛苦。如果是后者，你最好有所行动，做出适当的补偿。你可以问他："我可以做点什么或者说点什么能让你好受一些吗？"其实即使你什么也做不了，对方也会感激你能这样去问的。

让灵魂脆弱的人向对方表达歉意，并努力使情况变得更好，这对他们来说，是自然而然的事。并且他们稍不注意就会做得过头：过度内疚，过度道歉。

学会后退一步，收敛你的内疚和歉意，对你而言是更好的选择。你可以尝试坐下来重新思考心中的那份内疚。带着内疚继续生活可能就是当初牺牲他人选择自己时需要付出的代价。心理治疗师本特·福尔克将之称为"潜在的增值税"。举一个例子来说明，你放弃了奶奶期望的工作，选择了其他职业，最终让奶奶失望了。相比于不断地向奶奶解释、道歉，满足她的其他各种要求，你可以选择直接告诉她你内心的愧疚——你知道自己让她失望了——这是你在做选择时决定面对真实的自我需要付出的代价。在未来，你或许会发现这份对真实的自我的坚持是值得的。

评估自己是不是过度内疚

如果你对那些你并没有产生任何实质性的影响或者根本无法人为控制的事感到内疚，那么这种内疚感就是多余的。如果你认为在客人离开前让气氛变得尴尬完全是你的错，只能说明你的掌控能力远没有自己期望的那么强。

有的人认为，内疚其实是一种面向自己的愤怒。有时可能真的是这样。对我来说，将内疚感视为一种对自己的无能为力和悲伤情绪的防御方式其实更有意义。

比如，你对婚姻不满时，责备自己不够优秀比面对爱人不再爱你的事实要容易许多。如果婚姻里的不尽如人意真的是你的错，你可以尝试提高自己，让你自己变得更好。并且，在你忙于改变自己的同时，它也能分散你的注意，不去过多关注事实到底已经变得有多糟糕。

有的人也会为自己生病感到内疚。他们不断地告诉自己，这一定是因为自己饮食不健康，没有常常运动或者其他什么原因造成的。内疚意味着你原本拥有不让这一切发生的能力。你可能认为，为生病感到内疚，也就意味着你也可以让自己好起来。你只需要改变自己的生活方式！但是，这种思维方式忽视的一点是：生活是无法预测的。无论你的生活方式多么健康，你也不能百分百地保证自己不生病，而死亡也终究会来临。

如果你有了直面生活的不确定性和自己的无能为力的勇气，你就能不必承受过度的内疚感。

过度内疚感也常常出现在孩子身上。一旦家里出现任何冲突和不愉快，孩子们都倾向于认为这是他们的错。不知怎的，内疚感会让你感到安全，因为它意味着自己是有能力改变这一切的人，而不是将问题留给缺乏教养技巧的爸爸妈妈。那些在家里出现问题时选择责备和自我责备的孩子，会尝试通过让自己变得知书达理、讨人喜欢来改善家里的关系。

　　另外一种选择是让孩子接受爸爸妈妈其实并没有那么完美的事实，尽管这对他们来说非常恐怖。

　　有的人终其一生都在维护自己在孩子眼中的完美父母形象，这暗示了他们对自己的看法也是负面的。一般来说，童年越悲惨，成为理想父母的欲求就越大。

　　你会发现，成年之后再来维护与父母的关系是非常有利的。因为现在的你可以面对现实，而小时候的你却难以承受现实的残酷。

　　成年之后再来回忆童年，有时是在咨询师的帮助下，可以帮助我们接纳并表达那些在我们太小和不够独立时无法承受的情绪。最终，你对父母的看法和对自己的看法可能就会发生改变。而释放出小时候积累的过度内疚感，则会让你如释重负。

消除内疚感，重要的是打破"非黑即白"的世界观

　　我们常常陷入"到底是……还是……"的纠结之中。到底是"这一切都是我的错"还是"这其实并不是我的问题"，通常是两者选其一。

当你陷入上述挣扎的情境中时，你可以尝试下面的练习策略。它可以帮助你理清：你的内疚是合适的，还是过度的。以你因妹妹陷入抑郁而感到自责为例。

列举出所有让她幸福的事，比如：

- 亲密关系

- 工作环境

- 童年

- 财务状况

- 拥有或缺乏社交技能

- 健康

- 网络

- 我（她的姐姐）

在你列好幸福影响因子的清单之后，接着去评估每一个因子的权重。例如，不快乐的童年占 12%，缺乏社交技能占 13%，工作占 24%，健康占 11%，然后画一个饼状图，对每一个部分进行解释。

饼状图有时确实能让人看清一切。当你对环境状况的评估从"一切都是我的错"转变成"5% 是我的责任"，你就会轻松许多。

但是意识到自己过度内疚不仅不会让个体如释重负，还会让他们因意识到自己能力有限而感到恐惧。

饼状图：

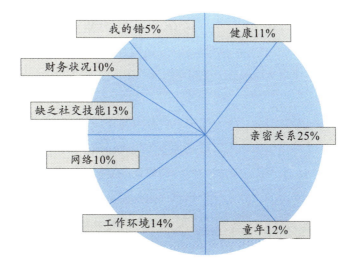

我的错5%
健康11%
财务状况10%
缺乏社交技能13%
亲密关系25%
网络10%
工作环境14%
童年12%

如何处理羞耻感

通常它只是一种模糊的、有些不对劲的感觉，同时伴随着对将它曝光的恐惧。

内疚是有关你做了什么事，而羞耻则涉及到你是一个什么样的人。如果你感觉到内疚，或许你是可以说出你做了什么或者没能做什么而让你产生了内疚感。如果你的内疚是合理的，你可以提供一些补偿措施；如果你的内疚过度了，你也可以采取一些相应的处理方法。

而羞耻则是另外一回事。你甚至都不清楚自己为什么感到羞耻，也无法把它清晰地表达出来。通常它只是一种模糊的、有些不对劲的感觉，同时伴随着对将它曝光的恐惧。羞耻感的出现让你觉得自己在躲躲藏藏。当有人试图靠近时，你甚至会有些生气。羞耻是一种针对本质缺陷而产生的感觉，很难说清到底是什么缺陷。你也可能因为羞耻感而感到羞耻，提起它也会让你不舒服。

羞耻感可能源于儿童时期的不被接受。试着想象一下，小时候，你拿着自己的成果向父母展示，或者送给他们某个东西时，得到的却是拒绝、忽视，甚至谴责。或者再想象一下，一个小男孩发现妈妈心情不好，于是他慢慢地爬到妈妈的膝盖上，想抱抱她。结果妈妈站起来，说："我很忙，你自己出去玩儿吧。"这样一来，男孩就会觉得一定是自己做错了什么，让妈妈不高兴了。如果这样的情况多次发生，每当男孩想要安慰妈妈时，都遭到拒绝，渐渐地，他会为自己想要安慰别人的想法而感到羞耻。于是他不再尝试安慰别人，或者更糟的是，他渐渐地无法感受到内心有想要安慰别人的冲动。

另外一个例子则是关于一个喜欢独自待在房间里的女孩。不断有人告诉她，正常的小朋友应该和其他小朋友一起在外面玩儿。于是，小女孩开始认为自己是有问题的，尽管她的内心就是想远离他人，自己一个人待着。她开始尝试在别人不注意的时候，悄悄溜回到自己的房间。但如果被别人发现她又一个人待着，她立刻就会感到羞耻。

　　有的人不会跟别人提起心里的羞耻感，最后离真实的自己越来越远。而有的人会跟内心的羞耻感抗争，直到能够自由地做真正的自己。

　　一种消除羞耻感的方法是有一次能够消除以前所有体验的经历。以上述小男孩为例，或许成年之后，他能够找到勇气尝试给予别人安慰——只因为有人向他寻求安慰和支持。一开始这可能会让他感到尴尬，唤起焦虑。但是一旦对方愿意接受这种安慰方式，那么这个曾经被一再拒绝的小男孩就有了一次全新的体验，重拾信心和勇气。并且随着训练次数的增加，他在给予别人安慰时就会越来越自然，羞耻感也会慢慢消失。

敞开心扉：在他人的故事里看见自己是莫大的惊喜

　　高度敏感型人经常为下述情景感到羞耻：

- 有时希望别人能离你远一点

- 不能快速恢复状态。或者担心别人会认为你不真

诚，因为你总需要花较长一段时间才能回应别人

- 无法参与激烈的竞争

- 无法像别人一样能轻易摆脱某些事

- 发现自己对别人津津乐道的很多事提不起兴趣

- 总是比别人更快地感到疲惫

如果你觉得很多东西都蒙着一层会让你感到羞耻感的外衣，需要将它们隐藏起来，那么你很难进行有意义的对话。你无法做到顺其自然地交流，因为你必须时刻注意你的言辞，费尽心力地掩盖你的"秘密"。

寻找同类：与相似的人在一起，你会得到解脱

想要让高度敏感型人找到敞开心扉的勇气，可以尝试让他们听听其他敏感型人的说法。有一次，在一个给高度敏感型人开展的培训课上，我注意到开放和坦诚是会传染的。一旦有人将自己的缺陷讲出来，其他人也会开始尝试。在别人的故事里看见自己的痕迹，是一种极大的惊喜。

与那些跟你一样，为同样的事而感到羞耻的人待在一起，可以帮助你得到解脱。接着，人们回到家，开始为自己曾经试图隐藏的缺陷辩解，这便是你从羞耻感中解脱的开始。许多人回归自己的生活之后，获得了新的经历，抹去了曾经的伤痛。

我从安排妈妈的来访时间开始，约定好她应该何时到来，何时离开。现在我能直接对她说："妈妈，您是知道的，我很喜欢跟人交流，但这仅限于在有限的时间内。长时间跟人相处会让我非常累。"一开始妈妈会批评我变了，但现在她已经习惯了我的行为方式。另一方面，其实我已经开始期待她的到来，因为我知道她待一会儿就会走，这让我应对她的到来变得轻松许多。

英厄（Inger），50 岁

PART 6

Six

高敏感人常见的
心理问题

焦虑、抑郁、多愁善感

拒绝承认恐惧，是对现实的认知扭曲

如何打破消极、疲倦的恶性循环

不是情绪决定认知，而是认知决定情绪

焦虑、抑郁、多愁善感

很多高度敏感型人长久地挣扎在焦虑情绪之中。

高度敏感型人属于焦虑和抑郁的易感体质。这并不是敏感特质的固有组成部分，而是环境所致。如果成长环境没有提供足够的安全感和支持，我们很容易受到这些情绪问题的影响。这也就意味着，我们必须意识到，对高度敏感的孩子而言，他们的"环境不安全性阈限"相对更低。对复原力高的孩子来说的琐碎之事，很可能就是敏感孩子的创伤之源。

很多高度敏感型人长久地挣扎在焦虑情绪之中。敏感的灵魂有着丰富的想象力和创造性的形象化技能。我们擅长想象各种可能，也能全方位预测未来的问题。这意味着我们擅长为即将到来的坎坷准确预测，并做好准备，最终成功避免伤害。但这也让我们更容易焦虑。

拒绝承认恐惧，
是对现实的认知扭曲

那些宣称自己从未感到过害怕的人，其实
已经扭曲了对现实的认识。

　　害怕是一种自然的情绪。有人不知道害怕为何物，常常无所畏惧，将自己置于危险之中。把年幼无知的孩子送出国时，大多数的父母都会希望孩子能够懂得害怕，晚上远离异国凶险的街道。高度敏感型的孩子在这方面是相对安全的，因为他们非常谨慎小心，中规中矩。面对毒品时，他们慎之又慎；开车上路也会非常小心，当然前提是他们能拿到驾照。

　　从轻微的不安到惊恐发作，害怕的程度可大可小。有的来访者一开始会说自己不曾有过焦虑的感觉，但当

我非常仔细地描述什么是焦虑时，他们才开始意识到，
自己也曾有过不同程度的焦虑和害怕。下图描述了焦虑
的不同程度。

惊恐发作

呼吸困难

胸腔窒闷

颤抖

出汗

腿软

头晕

吞咽时咽喉疼痛

坐立不安

紧张

担心

难以放松

稍稍不安

　　那些宣称自己从未感到过害怕的人，其实已经扭曲了对现实的认识。生活处处潜藏着危险，我们很可能轻易失去生命，却不知危险究竟何时发生。或许我们今日做下的决定，多年以后才能意识到它带来的后果。不确定性本身就是生活的一部分。如果你对它的担忧和焦虑严重干扰了你的正常生活，你会想要寻求支持和建议。认知疗法可以帮助你解决害怕最糟糕的部分，教你如何处理焦虑。这些认知技能在处理抑郁时也同样有效。

　　当然不得不承认，认知疗法也不能完全解决所有问题。但它能帮助你从紧张害怕和不愉快中解脱，这是非常可贵的。它可以让你拥有更多能量去寻求其他方式来处理你的问题。

如何打破消极、疲倦的恶性循环

令人愉悦的活动可以提升能量水平。

抑郁的典型特征是对自己、对未来的消极想法和态度。消极的想法会让你疲惫，进而让你变得更加消极。于是，你陷入了一个恶性循环。想要打破这个循环，有两种方法：

第一，做一些不那么劳累的事。这是被抑郁纠缠的人闷在床上，常常做的事之一，比如休息、睡觉。但你需要知道，有时你的疲惫感源自于内心的痛苦和悲伤。你无法通过睡觉来摆脱悲伤。因此，如果你情绪十分低落，闷在床上则是一个非常坏的选择。

第二，为自己设定一些可实现的目标，比如早早起床、做顿早饭。这些简单的事就可以为自己带来积极的体验。即便你只是在尝试，做一做、动动手都会非常有利。回忆曾经觉得很有趣的东西，重新体验一下。一旦行动起来，曾经的那份快乐很可能就会随之而来。令人愉悦的活动可以提升能量水平。你可以从本书末尾的清单中找灵感，或者你可以尝试一下延斯的策略。

当我感觉心情低落时，我会拿出我的行动清单，找点上面列的事情做。清单上有的事情已经计划了许久，完成它们会带给我极大的快乐。有的事情我真的不想去做。这也是为什么它们一直被列在那里，没有被划去。它带给我的不快乐并不重要，因为我已经感觉很糟糕，不能更糟糕了。当我完成它们，比如清理下水道，我的心情应该会好一点，或许从 -8 变成了 -7。我能感觉到它带来的变化和希望。

延斯（Jens），55 岁

不是情绪决定认知，
而是认知决定情绪

如果你的神经系统相对敏感，那么情绪上提
前为最糟糕的情况做好准备是更好的选择。

　　思维和情绪总是相伴出现，你无法直接对情绪进行控
制。比如，你收到一个可怕的圣诞礼物，你无法直接让自
己对此感到开心。你唯一能做的是，假装喜欢它。同样地，
你无法直接忽视嫉妒、愤怒等情绪，即使对你来说，不去
感知这些情绪是更好的选择。当然，面对各种情绪，你也
并非完全束手无策。因为一定程度上，你可以利用思维去
影响情绪体验。你无法直接控制自己的情绪，但你可以部
分控制自己的认知，对关注的焦点进行主动选择。

　　同样的一件事可以唤起多种不同的情绪，这取决于你对

这件事的认知。举一个例子，你在街上遇到一个大学同学，但对方并没有跟你打招呼。对此，你或许会有很多想法。

如果你想："他一定对我不满。"这种想法会让你感到焦虑。

如果你想："他以为他是谁啊，他凭什么不跟我打招呼？"你可能会因此而生气。

如果你想："他可能只是没看到我。"这样一来你就不会有太大的情绪波动了。

如果你想："他眼神儿真不好——看看我，不戴眼镜都能看见他呢。"你会因此而心情愉悦。

如果你很容易心情抑郁，说明你的思维模式太消极了。当一个人处于抑郁之中，遇见一个不跟自己打招呼的大学同学，这会引发他一系列的负面想法和消极情绪。例如，"为什么他不喜欢我？难道是因为我上周一迟到了？我去年也迟到过一次啊。每个人都能把自己的事情做好，为什么我不行，做不到他们那样？他一定发现了我其实是一个怪胎……"

　　如果你正在跟各种负面想法抗争，试图控制你的思维可以给你力量。这可以帮助你在消极情绪爆发之前停止连锁反应式的负面想法。

　　这一切都跟你向自己提出的问题有关。如果你不断问自己："我到底有什么问题，为什么我不能像杂志里的天才一样成功？"这样的问题会让你过分关注自己的缺陷。如果你问自己："为什么我无法结束这种无家可归、漂泊无依的生活？"你会开始思考手里已有的资源。如果你问自己："为什么我不试着拥有自己的生活呢？"你会开始关注那些能带给你快乐，值得珍惜的事物。

　　这并不意味着尽力向积极的方向想。过于乐观也会带来麻烦。如果我自信地以为，不管我讲什么，大家都会觉得很有趣，我可能就不为演讲提前准备了。而事实是，对于那些毫无准备的随性演讲，没有人会有兴趣。看清现实很重要。如果你对所处的环境过于乐观了，那么是时候擦擦你的眼镜，认清事实。这可以帮你在生活的惊涛骇浪中平稳前行。

　　如果你倾向于消极思维，你需要擦亮你的灰色眼镜。这可以帮助你客观地看待自己和周围的世界，进一步改善心情，不再总是疲惫不堪。

脆弱的灵魂也常常伴随着消极的思维倾向。不要过于期待自己可以跟别人一样，性格开朗，心平气和。事事小心谨慎是你的天性，这在某种程度上来说是一种智慧，虽然这也会让你在遇到意想不到的困难时感受到更多苦痛，因为敏感的神经系统比别人更容易失去平衡。

你认为自己开心，情绪才会好起来

或许早有人告诉你，放松一点，不要担心这么多。他们之所以如此劝告你，是因为对于复原力强的他们，能够很好地做到兵来将挡、水来土掩。但对于敏感型人而言，情况稍微有些不同。

我的儿子患有先天性心脏病，我们必须按时去做检查。每次检查前，我都习惯了做好面对最坏的情况的心理准备，甚至是仔细思考万一他需要做手术时应该怎么办。这么多年来，孩子的检查一直没有任何问题，大家都说我担心过度了。朋友好意地劝我，我应该试着看向事情积极的一面，祈祷检查会继续顺利下去，而不是总想着最坏的情况。

于是，有一次去做检查的时候，我听从了他们的建议。我心怀希望，我一边在医院的门口踱步，一边告诉自己："一切都会顺利的。"但事实并不如我期望的那样。医生的反馈并不是很好：儿子需要手术。

我吓住了。那一瞬间感觉一切被掏空，空气里的沉闷压得我喘不过气来。我思绪飘忽，浑身僵硬，问不出任何问题。我受到了如此大的冲击，以致我无法调整状态去陪伴同样处于震惊中的儿子。一回到家，我就崩溃了，似乎一切都陷入了黑暗，久久看不见光明。

手术之前，我吸取了教训，决定听自己的。我仔细考虑了手术的方方面面。我看着照片，做好了面对最坏的情况的准备。我甚至想到了儿子会永远留在手术台上的可能。手术期间，我被允许全程陪伴在儿子身边，甚至是当他从呼吸机中出来，他爸爸因为人员太多而必须离开的时候，我都能一直陪在儿子身边，我为此做好了准备。

现在，每次做检查之前我都会做好最坏的打算。家人们仍然告诉我要乐观一点，不要过早地担心。我知道，此时应该听自己的。之前的经验告诉我，提前做好准备，即使浪费了许多精力，对我来说也是值得的。每次检查听到医生告诉我儿子一切OK的时候，我都在心里默默庆祝。

路易斯（Louise），41 岁

如果你的神经系统相对敏感，那么情绪上提前为最糟糕的情况做好准备是更好的选择。这可以帮助你在事情真正发生时不被压垮。

高敏感族，你爱上自己了吗

在这里以一个习惯回避陌生人的高度敏感型女性为例。在外人看来，她是害怕别人。为了帮助她，咨询师可能会建议她将自己暴露在她害怕的事物面前，坚持每天几次，持续一段时间。治疗师相信，这会让她渐渐地跟人相处时感觉良好。如果你遇到的，是一个并未意识到高度敏感性特质的治疗师，那么治疗期间，他很可能给你类似于"去陌生人多的地方""尝试跟陌生人交流"等之类的作业。

可是问题在于，这个女性回避陌生人，不是因为她害怕，而是因为跟陌生人相处时刺激太多。她只是保护自己，避免被过度刺激到。如果强迫她跟陌生人接触，只会消耗她的精力，瓦解她的正常环境意识和社交技能，最终与治疗目的背道而驰。

有的高度敏感型人向不够敏感的咨询师求助，也会遇到类似糟糕的经历。他们被咨询师鼓励，寻找方法成为一个正常的普通人，努力改善抑制退缩的状态，尝试冒险，说话之前不用深思熟虑，让一切顺其自然。

另外一个例子是关于一个不喜欢待在公司茶水间的男

人。治疗师可能会建议他多去茶水间，将自己暴露在让他产生不适感的环境之中，以此解决内心的焦虑感。这对复原力强的人来说可能有效，带给他们积极的体验，进而改变其对该环境的心态和感觉。但对于高度敏感型人而言，情况要复杂许多。茶水间过多的噪声和混乱很难让他感到舒适。茶水间里充斥的各种八卦也不能引起他的兴趣。很多人为自己无法享受这种环境，无法参与到这种对话之中而感到自责。但如果他们假装自己乐在其中，无法做真正的自己，长期下来就会引发焦虑。

对于高度敏感型人而言，独自一人吃午餐或许是更好的选择，即使是在公园里。有的敏感型人选择留在办公室自己吃，而不是在茶水间和大家聚在一起。这样的选择或许会带来其他问题，但相较而言是最好的，即使只是一周中的几天而不是每天。

如果你常常陷入这种两难困境，不得不选择在午休期间跟同事混在一起，那么现在你可以尝试按照自己的需求来，选择让自己最舒服的方法。学着接受自己不是一个能量高涨的人，不喜欢肤浅的对话的事实，找到让自己最舒服的方式待在他们旁边。慢慢地，你会回到属于你自己的轨道上来。如果之前的你总是强迫自己加入他们的对话，并努力寻找话题，那么接受自己的沉默可以让你重获自由和力量。

首先且最重要的是，你需要喜欢上作为一个高度敏感型人的自己。然后，合理安排你的生活，减少冗余的信息和刺激，迎合自己的需求。一旦以上事情被一一落实，很多其他问题也会迎刃而解，你也会收获更多的舒适和安逸，大脑处于最佳状态，甚至会觉得自己拥有了参加社交活动的能量。

修复内心的创伤，高敏感族或许做得更好

意识到并理解自己的敏感性会给你带来明显的优势。但是，一旦给自己贴上了高度敏感型人格的标签，你同样需要对敏感型人格之外的东西加以关注。可能有很多潜藏的原因造就了你敏感的神经系统。比如，经历某种精神创伤，患上创伤后应激障碍（创伤后应激障碍是由于巨大的创伤事件引起的，比如战争、强奸、抢劫或者某个重要的人去世等。如果你不幸患上了创伤后应激障碍，你会出现过度警觉，神经系统非常敏感。创伤后应激障碍的一个典

型特征是：出现过去痛苦的记忆闪回。与创伤事件有关的记忆，不断进入到个体意识中，即使他／她试图进行阻止。当然，它是可以被治愈的，前提是得到正确的支持和指导），你会非常脆弱和焦虑，如同高度敏感型人格特质固有的反应一样。如果你将自己视作一个高度敏感型人，你可能不会寻求从创伤中恢复时必需的支持。如果该问题尚未得到解决，同样的情况会再次发生，甚至伴随其他心理问题，或者同时受到心理健康问题和高度敏感的双重影响。所以，出现心理问题困扰时，即使你知道自己是一个高度敏感型人，不要急于拒绝支持。

有一次，我遇到一个来访者——暂且称呼他延斯——每次妻子离开家他都会非常担心。这甚至演变成歇斯底里焦虑障碍了。认知行为治疗和药物都没有太大作用。最后发现这一切都与他四岁时奶奶去世有关。很多人都会经历失去奶奶的伤痛，所以延斯并没有意识到这件事对他的影响。

但当我进一步询问关于他奶奶的信息，发现他的奶奶其实跟延斯和他的父母一起生活。延斯的妈妈是全职工作，能力很强，但也非常忙。奶奶变成了延斯的主要照料者，所以延斯对奶奶产生了强烈的依恋关系。奶奶去世的时候，家人为了"保护"延斯，没有让他参加葬礼，没有人告诉他到底发生了什么。

我让延斯给奶奶写一封告别信，埋藏多年的悲痛浮出水面。经过这一切，延斯的状况改善了许多。

如果延斯只是注重寻求支撑自己作为一个敏感型人的合理的生活方式，他将永远不会寻求帮助去减轻内心的伤痛。

处理好过去的创伤影响，很可能让自己变得更加强大，复原力更高。给敏感型人的建议是，不仅要根据自己的敏感性组织你的生活，曾经的创伤也需要重视起来。它会帮助你成长，在治疗中取得显著的进步。

值得注意的是，高度敏感和出现心理健康问题并不是不会同时出现的。最好的方法是，组织你的生活让你的敏感型人格能够舒适地蜗居其中，同时为心理问题寻求支持和治疗。

PART 7

SEVEN

在麻木的世界，
敏感地活

你是不是既想独处，又怕寂寞

心灵疗愈的关键是爱自己

给自己写一封充满关爱的信

成为自己的快乐源泉

高敏感族应当怎样做父母

你是不是既想独处，又怕寂寞

如果你的伴侣是一个外向活泼、复原力极强的人，同时她／他还能尊重你的敏感型人格，那么你会发现你们的结合会带来许多优势。

很多高度敏感型人选择独自生活。这满足了他们的敏感型人格所需要的宁静、平和，给了他们驻足品味生活的机会，但有时也难免寂寞。这就造成了一个令人十分头疼的两难困境：

我也想找一个伴侣，但他会希望我能一起参加他家里人的所有生日派对，这让我很为难。现在我都已经因为自己对家庭的忽视而感到愧疚了。

汉娜（Hanna），45 岁

正值一段恋爱关系的敏感者们常常向我倾诉，他们非常苦恼，因为没有足够的时间和空间来独处。

如果我没有承担至少一半的家务活，帮忙照顾孩子，妻子就会非常不高兴，开始大吵大闹。我很不喜欢她变得如此激动，这会让我的神经系统失去平衡。为了避免这一切，我会努力做家务，但与此同时我也会感到委屈。最糟糕的时候我会再次出现受刺激过度的感觉，甚至失去与自己、与世界的联系。此时，我非常渴望永远的安宁。

有时独自待在工作室，我也可以找到片刻的宁静。我还喜欢独自一个人在外面闲逛，但这只能是短暂的。在妻子看来，对我来说更重要的应该是做好家务，陪伴孩子，或者带孩子到工作室玩儿。

卡斯帕（Kasper），35 岁

　　如果你的伴侣是一个外向活泼、复原力极强的人，同时她／他还能尊重你的敏感型人格，那么你会发现你们的结合会带来许多优势。非常典型的一点是：复原力强的伴侣会很乐意开车，去大超市购物，带着孩子去参加各种热闹的活动。并且他们的睡眠很好，如果你辗转反侧难以入眠，深夜叫醒他们寻求一个拥抱，并不会引起他们的反感。

　　但如果他们无法理解你的敏感型人格，你们的生活就会非常艰难。虽然他／她可能意识到应该体贴一点，为你着想，但他／她一旦抓住机会就会抱怨，"遇见我真是你三世修来的福气，每次你累成狗的时候我还能继续撑着"，或者每次他／她不得不一个人去做事而你无法陪在身边，又或者你没有做太多家务时，他／她都会长长地叹气。这会让你非常沮丧，觉得自己是对方的负担。有的人选择停留在这段关系中，直至无法承受压力的重担，将自己的精力消耗殆尽；而有的人选择分开，甚至离婚。这是一个艰难的选择：

　　　　我的丈夫心情经常飘忽不定，这给我造成很大的影响。长期下来让我难以应对，最终我决定离婚。做这个决定很难，但我已经伤害了这么多人，我不想再继续下去了。

莱恩（Line），42 岁

也有敏感者跟另外一个敏感型人格相遇的例子：

我在第三次恋爱中找到了我的灵魂伴侣。在别人看来，我们的结合让人难以理解，我们的婚姻生活将会非常无聊。绝大多数时间我们都待在家里，因为我们都不想开车。我们在一起时也不会说太多话。但即便如此，我们也能深刻感受到对方的存在和陪伴。我能和她分享我的内心世界，有的东西甚至从前只有自己才知道。

埃贡（Egon），62 岁

如果你觉得在重要的人际关系中难以产生有意义的亲密感，不管是跟伴侣、家人还是朋友，你都可以试着读一读我写的另外一本书《靠近一点——爱和自我保护》。

心灵疗愈的关键是爱自己

高度敏感者的心理治疗首要目标一般是爱
自己。

心理治疗很可能会对高度敏感型人有所帮助。通常，他们会非常认真地对待治疗师布置的任务，每一次交流之后都会深刻反思。而那些没有过多思考与咨询师的对话的来访者可能需要压缩会谈间隔时间，以保证会谈的有效性。就我的经验来看，多数来访者在会谈的间隔期都会反思每次治疗的内容，并不需要常常来找我。他们可以做到在会谈结束后延续治疗的过程。

但是对于高度敏感型人格的来访者，常常出现相反的情况。治疗过程太快会让他们刺激过度，无法承受。遇到这种情况，我的工作就变成了减缓治疗的进程。有时，我只是重复来访者对我说过的话——仅仅听我的重复都会引发他们新的思考，不需要我的提醒他们就会主动向前。有时，他们只是需要我的注意和倾听，剩下的交给他们就好。

在会谈之前，我会思考即将到来的对话以及它的主题应该是什么。但如果来访者是高度敏感型人格，事先的准备会相对麻烦一些。多次经历我都发现，来访者已经思考到很深入的地步，他们自己为这次会谈做了许多工作，甚至已经实现了我预先设定的目标，到达了新的阶段。

高度敏感者的心理治疗首要目标一般是爱自己。许多高度敏感型人都存在低自尊问题，并且尝试通过设定高标准来弥补自己的缺点，结果陷入了恶性循环之中。高标准让敏感者们不断地经历失败，继而产生消极的自我印象。在未来的工作中，我会更加关注人们的个人准则和自我感知。

给自己写一封充满关爱的信

我知道你一直以来都非常认真，尽可能地
让身边的人都开心。我相信你已经努力了。

作为一个高度敏感型人，你可能常常觉得似乎身边
没有人能理解你、理解高度敏感型人格，大家只会认为
你需要学着跟别人一样。如果你被这样的态度对待，此
时支持自己、坚持自己的价值观念尤为重要。一旦你做
到了，你会开始觉得即使在别人眼中你正走上一条不归
路也没有关系。

在家里，每个人都责怪我没有去参加爷爷奶奶
的金婚纪念典礼。但我知道我已经做出了巨大的努

力，即使是在我精力有限的情况下。所以，我坚持
了对自己的承诺。

拉斯穆斯（Rasmus），32 岁

有的人用并不适合自己的方式说服自己。他们常常没
有意识到潜在的问题。一直以来，他们只会以自己记得的
方式说服自己，从没想过还可能有其他选择。

跟我交流时，我的一个来访者意识到每当她紧张的时
候，都是以一种怒气冲冲的方式和自己说话。她会对自己
说"抓住机会啊"或者"快点振作起来"之类的话。下面
就是后续的对话：

治疗师：如果是你的妹妹正处于紧张之中，你
愿意用这种方式跟她说话吗？

来访者：不，当然不会。我做梦都不想这么对她。

治疗师：那你想跟她说些什么？

来访者（稍作考虑之后）：我可能会问她，我可以做点什么让她好受一点。

最后，治疗师可能会给来访者一个任务，让其回家给这个想象中的正紧张不安的妹妹写一封充满关爱的信。这封信并不是给自己真正的妹妹看，而是带到下一次的治疗中并大声朗读出来。你会发现，如果你开始指责自己，就说明你已经为此做好了准备。试着想想下面的情境：当你犯了一个错误，你可能会自发地批评自己。尝试想象自己犯了错误，从他人的视角来看自己，然后给自己说一些友善的鼓励人心的话。又或者给自己写一封信读，把信放在你的钱夹或者背包里，随身携带，一旦自己犯了错就把它拿出来，读一读。这样的信应该如何写？举个例子：

亲爱的苏西：

你有犯错的权利。每个人都会时不时地犯错。我知道你不是故意要给别人带来麻烦的，也没有人有权利因你的错误对你横加指责。我知道你一直以来都非常认真，尽可能地让身边的人都开心。我相信你已经努力了。这就够了，亲爱的苏西。揉揉自己的背，将注意力收回到自己身上，感受你的价值。

苏西谨启

当苏西大声读这封信的时候，她哭了。我相信，此刻她终于意识到自己是多么渴望听到这些话。现在，她学着赠予自己一些小时候没能得到的东西。

如果你觉得写这种友好关爱的话给自己有些困难，你可以尝试想象你只是写给一个你非常关心，此刻处于跟你一样的困境之中的人。最后，注意收件人一定要写上自己的名字。改变过去的习惯和方式总是需要一段时间。如果过去的 30 年来你都习惯了说自己的不好，那么你很难在一夜之间就做出改变。这需要不断地训练，坚定的决心以及持久的努力。最后，一点一点地，新的习惯就会慢慢养成，且越发壮大，最后将曾经的坏习惯完全消灭掉。

　　在这个过程中，你会收获很多能量。埋怨自己的不好也会跟别人埋怨你时一样，精力过度消耗，神经系统无比紧张。充分利用任何时机和场合，训练自己，感恩自己。下面就是一个自我支持带来的积极效应的例子：

　　　　某个深夜我姐姐给我打电话，指责我为妈妈做得太少了，至少在她看来是这样。如果这发生在以前，我整晚都会陷入绝望和失眠之中。而这次我对自己说："亲爱的安娜，我知道你已经尽了最大努力，达到极限了。这就可以了。"然后双手抱住自己，进入了梦乡。

　　　　　　　　　　　　　　　　　安娜（Anna），49 岁

　　当你能够很好地给予自己支持和鼓励，那么你就有了至少一个能够随时感恩自己的努力的人——即使你的付出不是非常明显。

关切自己，同情自己

　　有的人认为，我们不应该怜悯自己。当我跟来访者交流，回溯其童年时，有时我会问："看着小时候的自己，你有什么感受？"回答通常是："我为自己感到难过。"然后他们又会非常迅速地补充说："噢，不，这听起来好像我的童年很糟糕一样。"但事实上我会很高兴她说出这份悲伤。我将之视为一种唤起自我关爱的方式——恰恰很多向咨询师求助的人都缺乏自我关爱。

　　而有时，你可能以一种不是十分合适的方式，为过去感到难过。想象一个妇女，和别人坐在一起，来来回回地讲自己曾经的悲伤往事，一遍又一遍地重复自己的抱怨和不满。她的问题在于过于为自己伤感了。她很可能并没有爱上自己，这也是为什么她感觉如此糟糕的根由。自我伤害之下隐藏着愤怒，而愤怒之下是伤痛。当她开始跟内心的伤痛接触，深切感知这一切对自己而言是多么糟糕，并能同情自己时，那么她将不会一次又一次地重复同样的故事。

有时，我会建议来访者拥抱自己或者轻拍自己的背。他们常常是不情愿的。而有的人会开始哭泣，因为他们意识到自己错过了太多关爱和拥抱，哭过之后就好了，还会收获非常珍贵的东西——对自己的爱。

与过去和解，与自己和解

世上最难过的事，莫过于感觉自己在别人眼中是如此讨厌。对于那些在人格箴言中，不允许自己被人讨厌，或者对自己被身边的人喜欢有着高要求的人而言，尤其难以接受。作为高度敏感型的人，你甚至可能有时对别人也严格要求。

我真的不喜欢上楼去让邻居尽量小声一点儿。即使我尽力微笑，表现友好，我也可能看起来是一个脾气不好的人。因为我听到不喜欢的声音心里一点儿也高兴不起来。幸运的是，邻居对此态度比较好。

赫勒（Helle），57 岁

跟自己和解也意味着接受自己偶尔会成为他人的累赘。这是一项伴随一生的任务：不止对于高度敏感型人是如此，对于所有人都是。

年轻的时候，我们对自己人生的结果充满幻想和期待。但慢慢长大之后，方才意识到生活是如此复杂，我们不得不学着对内心的期望放手。曾经的梦想在残酷的现实面前不堪一击。此时，怜悯自己显得非常重要，对自己说："我也想要做得更好"以及"就让它这样吧，其实这样也好"。暗示着："我已经做得足够好了，因为至少现在我还爱着自己。"

成为自己的快乐源泉

曾经的伤口可以被治愈。童年错过的爱可以学着现在自己赠予自己。

意识到自己有高度敏感型人格特质，会给某些人带来很大的影响。突然间，你会觉得跟别人不同，不再是那么可怕和难以接受了。这甚至带给你机会去认识跟你有相似经历和挣扎的人。我课程上的一些学员发现自我的成功经历，甚至让他们成为别人的榜样。做真正的自己的勇气是会传染的：

现在，我允许自己按照自己的步速行走，即使很慢也没关系。一直以来我都想让自己能走得更

快，但现在我不再这样了。虽然现在去一个地方会
花更久的时间，但我的身体是舒服的。

丽莎（Lisa），28 岁

人们并不需要以消灭高度敏感型人格为最终目的，从
而要求被特殊对待。如果你是一个高度敏感型人，你会不
断地需要休息，与一般人相比需要更多地照顾自己。你越
是接受自己是一个什么样的人，你越不需要花太多精力去
让自己适应，你也会越来越强大。

当然，在某些领域高度敏感的性格或许不很合适，但
在更多时候我们是更能够胜任的。对于类人猿的研究显示，
年轻的猿类中，反应性更强的（敏感的）猿猴如果由焦虑
水平较高的母亲照顾，长大之后很难延续后代。但它们如
果由焦虑水平较低的母亲扶养，它们会成为群体的头领
(Suomi, 1987)。

如果你的童年相对艰难，你没有形成足够强健的安全
依恋关系，而今又在生活中苦苦挣扎，那么你应该知道的

是你并非失去了一切。曾经的伤口可以被治愈。童年错过
的爱可以学着现在自己赠予自己。而爱自己是给予别人爱、
从别人那里获得爱的第一步。

高敏感族应当怎样做父母

你会对孩子的需求非常敏感，时刻留意。
你会非常尽责，尽一切可能成为一个好父
亲或者好母亲。

有的高度敏感型人选择不要小孩，有的决定只要一个
孩子。让敏感型人格和父母角色兼容是一件很有挑战难度
的事：

我几乎没有休息的时间。如果我躲进洗手间想自
己待一会儿，她会立刻开始叫起来，"妈妈，妈妈，你
在哪里？"

马娅（Maja），38 岁

课堂上，有学员告诉我，他们不得不让家里正值青春期的孩子搬出去，因为这个年龄阶段总是伴随着吵闹的噪音、节奏混乱的生活和无法预料的行为。

如果你是一个高度敏感型人，作为父母你拥有很多好品质。你会对孩子的需求非常敏感，时刻留意。你会非常尽责，尽一切可能成为一个好父亲或者好母亲。你也可能对自己作为父亲或母亲而制订的标准非常高。一旦无法实现自己的高标准严要求时，你会陷入内疚和自责之中。但问题是，你的能量难以满足你的需求，所以你需要选择后退一步，别为难自己。如果你没能做到这一点，你会很容易被激怒，共情能力也会消失得无影无踪。

如果你和伴侣都是高度敏感型人，你们可以互相扶持，轮流休息。如果你是自己带一个甚至更多的孩子，最好能从别人那里得到帮助和支持。我也是一个人带两个孩子。没错，我可以做到。但是我也会因为自己无法为他们做得更多而感到羞愧。

举个例子，孩子们的家长会我无法保证每次都到场。孩子们很早就学会早上自己起床去学校。当我听说有的父母早上会起床为孩子做早点，我的心感到阵阵刺痛。我希望我也能为自己的孩子做这些。但是每天早上给两个孩子做准备去上学，甚至有一个常常赖床到最后一分钟，这已经让我倍感压力。送走他们以后，我得花很长时间才能平静下来，集中精力投入工作。

　　如果早上我选择赖在床上，戴着耳塞，直到孩子们出门以后再起床，我接下来一整天的状态就会好很多。社区的人常常问我，早上到底什么时候起床的？我选择回避该问题，因为我觉得不好意思。直到现在，我仍然为自己没能为孩子们做得更多而感到伤心。我本应该埋怨自己为何没有更多的精力去照顾孩子的，但我没有。事实是怎样的就是怎样的，我不再生自己的气。现在，我有两个非常独立自主的已经成年的孩子，我很知足。

PART 8

EIGHT

关于高敏感族的
心理学研究成果

对刺激输入的强烈反应

"高度敏感"可以视为新的人格分类

心理测评解析

肯定自己的独特，感受更多，想象更多，创造更多

对刺激输入的强烈反应

> 每一个反应性强的孩子在成长过程中，会
> 对新异刺激的输入表现出持续的强烈反应。

从输入反应判断孩子是不是"高敏感族"

每个新生儿对输入的感觉刺激，反应各不相同。如果让他们用吸管喝水，改变水的甜度之后，有的婴儿会照常喝水，而有的婴儿会出现很强的反应。拉加塞（La Gasse, 1989）的一个研究显示，两年以后，对水甜度的变化反应强烈的婴儿，比其他孩子更加害羞敏感。

美国心理学家和研究者杰罗姆·凯根（Jerome Kagan, 2004）也在他的《气质的长期影响》一书里提到该研究。在他自己的研究里，也关注遗传和气质的问题。

凯根调查了500个4个月大的婴儿，发现大约1/4的婴儿，反应与大多数婴儿不一致。一开始，他将这些出现不同反应的孩子称为"抑制性儿童"，因为跟其他孩子相比，他们更加谨慎小心。后来，他又将"抑制性"改成"高反应性"。

在凯根的术语中，高反应性意味着面对新鲜的刺激和变化时，个体的唤醒水平较高。比如给孩子呈现爆炸的气球，不熟悉的色彩缤纷的手机，或者让妈妈微笑地看着孩子，但跟往常不同的是，只安静地看着不说话。5个婴儿里有4个会保持冷静、放松，但有1/5的孩子会出现较强的反应，比如哭闹、手脚扑腾、寻求安慰等。凯根追踪了这些孩子，在他们2岁、4岁、7岁以及11岁的时候，进行了再次测量。结果发现，每一个反应性强的孩子在成长过程中，会对新异刺激的输入表现出持续的强烈反应。

这里定义的高反应性，与外显的强烈行为反应不同。我们讨论的高反应性是指内部的唤醒和影响。即使高反应性的婴儿在不熟悉的事物靠近他们时，会哭闹、挥舞手脚，但随着他们慢慢长大，你可能不再能记录到儿童内部的强烈反应了。你会注意到的可能是，遇见陌生人时，孩子把自己藏在爸爸妈妈身后。所以那些哭闹不停，挥舞手脚的婴儿长大之后，很少变成非常闹腾的青少年。恰恰相反，他们会比较安静高冷，对自己的生活思考得比同龄人更透彻。

高敏感族脑区共情部分明显比旁人活跃

美国心理医生兼研究者伊莱恩·艾伦（Elaine Aron）在前人研究的基础上，做了进一步的拓展。在她看来，凯根所说的高反应性其实是高敏感性。她利用功能磁共振成像（functional Magnetic Resonance Imaging, fMRI）检测高度敏感的成年个体对感觉输入的大脑神经反应。该研究在 2014 年发表在《大脑和行为》（*Brain and Behaviour*）这本国际科学杂志上。

参与该研究的总共 18 名被试者。实验过程中让被试者分别看自己的爱人和陌生人的积极、消极和中性的面孔图片，并记录其大脑活动。结果显示，高度敏感型人看图片的过程中，包括镜像神经元（镜像神经元系统在 20 世纪 90 年代被发现，它让我们能够对别人的情绪进行准确感知，并做出反应，如同发生在自己身上一样）在内的与共情相关的脑区的激活程度明显高于其他人。看爱人的图片，尤其是爱人积极的面孔图片会让敏感者们的大脑出现强烈反应。而看其他人的情绪图片——无论积极还是消极——都会让高度敏感型人的大脑比其他人更容易激活。

　　与凯根的研究相比，艾伦的被试者只有 18 个，这是因为 fMRI 的研究费用太贵。但即使被试数量有限，我也相信该研究告诉了我们一些重要的结果。这些结果是有意义的，并且跟我与高度敏感型人交谈所得的经验是一致的。结果显示，高度敏感型人在看爱人的高兴情绪图片时，出现了非常显著的大脑激活反应。看到该结果我非常开心，因为它否定了对敏感者的一般假设——即他们只会对不安全和不熟悉的事物产生不同的反应。事实上，他们对积极的体验也会出现强烈反应。

"高度敏感"
可以视为新的人格分类

"高度敏感"一词是人格特质的一种新的表
达方式，该特质在过去常被描述为焦虑、
害羞或者神经质。

　　"高度敏感"一词是人格特质的一种新的表达方式，该
特质在过去常被描述为焦虑、害羞或者神经质。在我年轻
的时候，它还被称为"不良神经型"。在普通大众中较为流
行的认知倾向是，相比于安静、冷漠和瞻前顾后的个体，
外向和复原力强的人更加健康和优秀。而高度敏感型人通
常被归为后者。下面就是在心理学领域，该认知倾向的一
个研究结果：

大五人格：
神经质、外向性、开放性、宜人性和尽责性

五因素模型，或者称为大五人格，是人格心理学领域被广泛接受的人格模型。它通过五个不同的因素来描述人格特质：神经质、外向性、开放性、宜人性和尽责性。外向性的解释是：热情、擅交际、果断、活跃、冒险、乐观。而内向性与之相反，通常的描述是缺乏外向性。似乎参与模型建构的被试者都是外向和强健的。它忽视了那些有着丰富的内心世界，思想层次很深的人。典型的例子就是高度敏感型或者内向型（30% 的高度敏感型个体是外向型，而外向敏感型的个体也会在对内向型的描述中找到自己的痕迹，参考第一章。这充分显示了我们是如何以不同的方式描述和感知事物的）。

将所有事情都纳入考虑范围，你就会理解为什么内向型和高度敏感型的人，常常陷入低自尊的旋涡。我非常感谢艾伦的研究，因为它提供给我新的思路去思考和构建这些特质。

在不同时代和不同文化下，对不同人格特质的描述方

式和价值观念，会对个体产生极大的影响。艾伦将高度敏感型人视为许多不同特质的复杂结合体：尽责、创造、积极向上、易受影响、共情，敏感的感觉和脆弱的神经系统等等。这些特质会给敏感型人的生活带来些许麻烦，但也会是创造性、专注力和同理心之源。

艾伦找出一种人格特质，一种敏感和脆弱的灵魂能够从中看见自己的特质。而现在，我们对敏感型有了新的理解：它不仅关注自己存在的问题，也能深深地感知快乐，拥有其他天赋。

艾伦对高度敏感型的描述并非捕风捉影和凭空想象。这是基于她作为一名心理咨询师多年的咨询经验所得。

关于人格，遗传因素比环境和教养的影响更大

毫无疑问的是，每个个体的人格特质生而不同。这一点已经得到多年的研究结果确认，难以反驳。在这里，我想提一下1979 年开始在美国明尼苏达州做的双生子研究。结果显示，多数案例的人格特质中，遗传因素比环境和教养的影响更大。

　　由美国心理学教授史蒂芬·索米（Stephen J. Suomi,
1987）做的另一个研究显示，猴子的后代会表现出从父亲
那里继承而来的特质，即使它们从未见过自己的父亲。虽
然近几十年来的研究表明，遗传因素的影响比之前想象中
更大，但社会和环境因素同样在人类的发展中扮演至关重
要的角色。而对于敏感性，环境和教养就变成了一个显著
的决定性因素，不管是其脆弱的一面还是赐予能量的一面。

心理测评解析

他们的疼痛阈限比别人更低，另外他们也倾向于把事情想得更深，喜欢反思自己的生活。

　　毫无疑问，有的人生而敏感。我们也可以确信，在合适的环境中成长起来，敏感也会带来其非常有利的一面。但不确定的是，人群中真的有15%~20%的人是高度敏感型吗？回头看看凯根的研究，500个婴儿中有近1/5的婴儿，反应性比其他人更高，看起来似乎可以确定15%~20%的估计是非常正确的，然而，事实并非如此简单。凯根的研究中，招募的被试者都来自中产阶级家庭，多数母亲的教育水平相对较高。并且，他还将怀孕和出生后出现并发症的婴儿筛除。所以，如果他对样本进行更随机化的选择，结果可能会有所不同。

　　而在艾伦的研究中，她的问卷囊括了几千名北美人，在此基础上得出 15%~20% 的个体是高度敏感型的。但在她的研究方法中也存在着两个问题。

　　首先，问卷法不是非常严格。曾经我让我的来访者填写该问卷，很多人会疑惑不解地回来问我："'意识到环境中的微妙'是什么意思呢？"除此之外，还有几个问题他们也不是十分确定。

　　其次，问卷是自我报告，这说明只有那些能准确意识到自己的个体才能被测量到。没有对被试者行为的客观观察，也没有询问其家人或者朋友是否对被试者的选择表示赞同。例如，某人是否尽责，是否富有同情心。在回答的过程中，有的人会迅速选择那些能反映自己积极一面的回答，出现社会赞许效应。而有的人可能对自己并不是十分确定，怀疑自己"真的是一个尽责的人吗？"他们可能会回想一些自己被刺激过度，导致对他人反应迟钝的场景，以此解决当前的两难选择。这会进一步扭曲实验结果。

　　艾伦的研究是以针对北美人的心理咨询为基础的。该测验对于非北美人可能有所不同。我甚至怀疑丹麦人会非常积极地看待敏感性，超过 1/5 的个体会在 12 个及以上的问题中回答"是"（艾伦的自我报告问卷有 23 个条目，如果其中 12 个及以上的条目都回答了"是"，则被视者为高度敏感的个体。可以在网上找到该测试的具体内容）。因为艾伦的问题描述不是非常准确，所以人们的回答也会被他们在阅读问卷的过程中获得的关联规则影响。

我编制的这个测试，是基于在丹麦和高度敏感型人的对话经验积累而设计的。到现在为止，该测试已经被斯堪的纳维亚半岛的许多高度敏感型人使用过。但与艾伦的测试存在的问题一样，该结果是完全依赖个体的自我陈述和判断的。

也许在未来，我们会发展出非自我报告的测量方法。我们可能会发现高度敏感型人所占比例不再是 15%~20%，而是高于或低于该比例。在我看来，该比例的估计是准确的。荣格，一个瑞士的精神医生和心理分析流派的创始人，认为每四个人中会有一个是内向型的，而内向型和高度敏感型有许多相似的特征。当然毫无疑问，高度敏感只是少数群体，否则我们也不会多次经历这种与众不同带来的挣扎。

在大家知道我专攻高度敏感型人格之前，我曾利用艾伦的 23 个条目的问卷针对 24 个来访者做了一个小研究，结果显示 50% 的来访者都是高度敏感型的。这让我意识到高度敏感的个体比其他人更有可能通过咨询来寻求支持和帮助。可能的原因有以下几点：

高度敏感型人因其敏感的神经系统在生活中遇到更多的困扰。

在推崇外向和复原力强的社会中，高度敏感型人会被视为低自尊，会面对更多的压力。

当高度敏感型人发现自己陷入了挣扎，他们很难做到置之不理。一部分原因是他们的疼痛阈限比别人更低，另外他们也倾向于把事情想得更深，喜欢反思自己的生活。

肯定自己的独特，
感受更多，想象更多，创造更多

敏感性不是缺陷，相反，它可以丰富你的人格。

人们第一次意识到自己的高度敏感性特质，有可能点头赞同，也有可能被吓哭，甚至久久不能平静。

许多人都谈到，在此之后自己会进入一段长时间的心力交瘁阶段。在我看来，这是因为他们感受到被注视和被理解，这帮助他们与自己产生更深的联结。他们意识到一直以来将自己视为一个有缺陷的、错误的存在，这是一件多么痛苦和艰难的事！而他们对自己的认知却常常如此。与此同时，他们开始站得更高，寻找真正做自己的勇气。

自从我意识到自己高度敏感性的特质，我开始能够在午休期间加入到同事的聊天中，对办公室群体产生了强烈的归属感。

马娅（Maja），38 岁

当我询问课程上的学员，作为一个高度敏感型人，在我的课上有什么收获时，我常常得到的答案是，他们感觉自己不再是一个浑身都是毛病的人了。大多数人常常认为，自己是不同的，担心自己在某些方面存在缺陷。

我是在自取灭亡。我不觉得我足够好，也不觉得自己可以适应任何场合。在了解了高度敏感性特质以后，我发现自己突然能更积极地看待自己了。这是一切变化的起点。

多尔特（Dorthe），52 岁

意识到自己具有高度敏感性特质，可以帮助我们对正常群体有更广泛的认识。成为强健、外向、充满活力，重压之下也能欢乐前进的人，不再是"理想人格"的代名词。

意识到人类物种也有两种类型，在各自的类型中都存在其理想的境界。我们可以帮助那些在激烈的竞争中苦苦挣扎，渴望融入群体，实现同一性的可怜人。这不仅是对脆弱的人们的忠告，也适用于在特殊领域拥有惊人天赋的，做出贡献的人。我们并非一无是处。我们的身体里涌动着让自己存活下去的能量。

以这种方式看待自己，那么我们也能更容易接受脆弱的神经系统。拒绝一场恐怖电影的邀约也不再难以启齿。因为自己受刺激过度而错过一日旅行或者提前离开派对也不会让自己陷入挣扎。

现在我理解了为何我的生活是这般模样，为什么我总是以自己特有的方式进行思考。知道自己其实"只是"敏感以后，让我松了一口气。并不是因为我太软弱，也不是我疯了。对身边的一切找到正确的理解框架之后，我重获新生。现在，我能更好地掌控自己的生活，即使无法参与到某些活动中也不会感到遗憾。

利兹（Lise），30 岁

现在，你可以完全放开地跟别人聊你曾经以为的秘密和难以启齿的话题，进而解决过去的许多困扰。对于高度敏感型人是如此，对于任何偶尔感到脆弱的人也是如此——这是一个允许释放内在的脆弱、放飞灵魂的绝佳时机。敏感性不是缺陷，相反，它可以丰富你的人格。

读了关于高度敏感型人格的相关知识，理解了为何自己有时总是无法实现别人的期望，做到别人能做到的事。我不再为自己寻找借口。现在我可以将自己最真实的状态展现出来：现在的信息对我而言太多了，我需要休息一下。

苏珊娜（Susanne），35 岁

附录一

给高敏感族的活动
创意清单

为高度敏感型人和拥有脆弱灵魂的人带来喜悦与幸福的活动：

1. 激发灵感的活动

- 读书
- 听音乐
- 去看一场电影或戏剧
- 去听一场音乐会

- 加入一个工作坊或课堂

- 读一些富有哲理的书，认真地思考其中的话

2. 外出活动

- 跟某人一起度过有意义的时光；给出和接受意见，共享心路历程，回应并享受别人陪伴你的时间，即使相对无言

- 跟孩子一起玩耍

3. 刺激过度时，做一些对身体有益的活动

- 瑜伽、普拉提或者一些温和的运动

- 如果没有精力去报各种运动项目的班，你可以买一些 DVD 或者从图书馆借。如果能够，那么一开始从老师那里得到指导是最好的，然后就可以自己在家里练习了。当你需要休息时，只需要关掉手机，把 DVD 放进播放器里，全神贯注地投入到运动当中去

- 跑步、骑车、水中有氧运动或者其他锻炼方式

- 跳舞：有的高度敏感型人在家里播放音乐，让身体自由摆动，这可以带来极大的快乐。这也是一种很好的锻炼方法

- 来一次泡澡或足浴

- 面部按摩、手部按摩、脚部按摩或者身体按摩。在这期间，点上蜡烛，放上音乐。或者在夏日直接移步室外

4. 亲密接触大自然

- 在窗台或者花园里移栽一些植物，看着它们慢慢长大

- 呵护你的植物和花草

- 做做园艺

- 散步

- 带上睡袋和垫子，挑一个溪水环绕、鸟鸣幽幽的自然环境，坐下来，躺在垫子上，静静沉思或者放松地睡一觉（不过最多半个小时，否则睡太久头会很沉）

- 来一次户外野餐，而不是坐在餐馆或者咖啡店里。这对于高度敏感型人可能是更合适的，买点食物到外面去吃，坐在公园里或者沙滩上。这比坐在一个

到处都是陌生人且无比喧闹的房间里，要好得多

- 如果冬天去户外的话，除了睡袋和垫子，还需要带一些暖和的衣服

- 躺在一张吊床里，仰望着树梢或者天空

- 坐皮划艇，在水上漂流

- 带上雨伞，在雨中漫步。感受雨点噼里啪啦打在雨伞上的声音和雨中浓郁的自然气息

5. 表达自己

- 放音乐或者唱唱歌

- 写本书，写首诗，或者写一封信、一篇日记

6. 创造性活动

- 插花

- 制作陶器

- 画画

- 雕塑

7. 愉悦自己的感官

- 根据自己喜欢的味道，在家里摆放一些花束或者精油灯

- 做一些美味可口的食物

- 欣赏艺术品

- 听听音乐、鸟鸣或者其他自然的声音

- 打扫卫生，给桌子换上喜欢的桌布

- 在温暖的土地或者沙滩上赤脚行走

- 日光浴，享受阳光

8. 放松灵魂

- 冥想

- 正念，瑜伽

- 做放松训练

- 沉思或者放空思想

- 释放内心的思绪和想象

- 找一个风景迷人的地方，坐下来，将自己融入其中

- 坐下来研究一场火灾，查看其燃烧木材的日志记录，让一只猫在身边陪着你

9. 享受跟动物待在一起的时光

- 和猫咪玩耍

- 宠爱一只动物

- 喂马或者骑马

- 去水族馆里看鱼

- 喂鸟

- 牵着狗出去散步

测测你的敏感指数

该测试由我编制，主要用于高度敏感群体。每个问题有五个选项，每个数字代表问题的描述与自己的符合情况，0—4 分别是：

0= 完全不符合

1= 有一点儿符合

2= 基本符合

3= 较为符合

4= 非常符合

1　美妙的音乐会让我非常激动。

2　我总是花比别人更多的精力去预测未来可能
　　出现的问题，并做好充分的准备。

3　我很擅长发现新的可能和选择。

4　我很容易兴奋，总是有很多主意。

5　我知道生活不止我们看见和听见的一切。

6　我的疼痛阈限很低。

7　我常常觉得对别人来说很容易的事情，
　　对我来说却太沉重。

8　每天我需要一点时间独处。

9　如果我跟别人连续相处两到三个小时，
　　中间几乎没有休息，这会让我非常疲惫。

10　预感到冲突即将出现，我会提前逃跑。

11　面对愤怒，即使不是针对我，也会让我倍感压力。

12　别人的痛苦会深深地影响到我。

13　每件事我总是竭尽全力，以避免不愉快的
　　事情或者失误的发生。

14　我富有创造力。

15　艺术性的工作有时会给我带来深深的快乐。

16　面对多重任务，我的阈限比别人要低。比如，
　　我很难做到一边上网，一边与人交谈。

17　我不喜欢待在刺激过多的地方，比如游乐场、
　　大型超市、运动会。

18　在电视上看到的暴力图片会影响我很久。

19　我会花比别人更多的时间来思考。

20　我很擅长感知动物和植物的生长状态。

21　身处美丽的自然环境中时，我整个身体里
　　都洋溢着幸福。

22　我触须灵敏，能轻易感知到他人的心理状态。

23　我很容易感到愧疚。

24　我工作的时候，如果有人看我，我会很有压力。

25　我有一双敏锐的眼睛，能一眼看透别人的心理活动。

26　我很容易受到惊吓。

27　我能给别人提供倾情陪伴和有意义的友谊。

28　那些似乎不会打扰别人的声音却给我带来很大的困扰。

29　我非常直观。

30　我很享受独自一人的感觉。

31　多数时间我都是一个明智的决断者，但有时也会是冲动型，追求速度。

32　喧闹的声音、刺激的味道和强烈的光线都会影响到我。

33 我对在安静平和的环境中休息的需求比别人更大。

34 我很难从饥饿和寒冷中转移注意力。

35 我很容易哭泣。

总分合计

1—35题

36 我喜欢毫无准备地体验新事物。

37 当我在某些方面比别人更聪明，我会感觉很棒。

38 社交不会让我疲惫。如果气氛足够好，我可以一直在活动现场待下去，甚至不用独处休息。

39 我喜欢野外生存一类的夏令营。

40 我喜欢在压力下工作。

41　如果别人不舒服，我倾向于认为这是他们
　　自己的错。

42　我总是充满能量，我的心情很少受到周围的
　　事情的影响。

43　我常常是最后一个离开派对的人。

44　我习惯船到桥头自然直，很少担心。

45　我喜欢跟朋友一起在度假小屋度过周末，
　　并不需要独自待着。

46　朋友出其不意地拜访我，我会非常惊喜。

47　我能应对睡眠很少的状况。

48　我喜欢放鞭炮。

总分合计

36—48题

第一组题目包括 1—35。将你的答案加起来求和，如果所有问题你都选 1，那么合计应该是 35。

第二组题目包括 36—48。将你的答案加起来求和，如果所有问题你都选 2，那么合计应该是 26。

接着，用第一组的总分减去第二组的总分，以上述例子为例，答案应该是 9。

最后的分数则是你的敏感分数，应该是介于 52—140 之间的某个值。得分越高，敏感程度越高。如果你的分数超过了 60，那么你可能就是一个高度敏感型人。

对测试结果进行解释常常需要谨慎。当我们用该测试结果描述一个人时，它肯定不是非常全面的，还有许多方面未被纳入考虑。并且测试结果还会受到你测试当天的心情的影响。你可以将该测试视为一个大概的参考，而不必过分去强调它。

致谢

这么多年，我很开心，能够聆听精神治疗师和神学家本特·福克在不同情境中的讲话。因为他，我发现了自己未知的一面。

第四章要感谢心理学家尼尔·霍夫迈尔（Neils Hoffmeyer）和格式塔分析机构，多年来我在这里不断练习、实验、尝试不同的方式，探讨相关的问题，激发灵感。

第六章要感谢心理学家彼得·斯托尔德（Peter Storgård），他让我意识到心理学领域追踪研究的重要性，也向我展示了认知疗法的可能。

感谢所有跟我交流过的高度敏感的灵魂，不管是在我作为牧师，还是作为心理咨询师的时候；感谢所有参加我的课程和讲座的人；最后感谢那些愿意将自己的故事呈现在本书中的人。

图书在版编目（CIP）数据

高敏感是种天赋 ／（丹）伊尔斯·桑德著 ；李红霞
译． —— 北京 ：北京联合出版公司，2017.9（2022.4重印）
ISBN 978-7-5596-0871-0

Ⅰ．①高… Ⅱ．①伊… ②李… Ⅲ．①心理测验－通
俗读物 Ⅳ．①B841.7-49

中国版本图书馆CIP数据核字(2017)第204703号

北京版权局著作权合同登记 图字：01-2017-5567号

Loving Yourself
Copyright © 2014 by Ilse Sand
Original Danish edition published by Ilse Sand
Simplified Chinese edition is published by arrangement with
Ilse Sand through Discover 21, Inc., Tokyo, Japan

高敏感是种天赋

作　　者　[丹麦]伊尔斯·桑德
译　　者　李红霞
责任编辑　郑晓斌　徐秀琴
项目策划　紫图图书ZITO®
监　　制　黄　利　万　夏
营销支持　曹莉丽
版权支持　王秀荣
装帧设计　紫图装帧

北京联合出版公司出版
（北京市西城区德外大街83号楼9层　100088）
天津中印联印务有限公司印刷　新华书店经销
字数90千字　880毫米×1270毫米　1/32　7.25印张
2017年9月第1版　2022年4月第24次印刷
ISBN 978-7-5596-0871-0
定价：45.00元